Die Deutsche Bibliothek - CIP-Einheitsaufnahme

Sonntag, Isabella:
Abenteuer Beziehung: »Beziehung ist Kunst« / Isabella Sonntag & Ralf Nemeczek. - Schönberg :
WU-WEI-Verl., 2002

ISBN 3-930953-06-4

0292 deutsche bibliothek

ABENTEUER *BEZIEHUNG*

Autoren: Isabella Sonntag und Ralf Nemeczek
Herausgeber: WU WEI Verlag
Art Direction: Sabine Lindlbauer
Fotos: Tamara Amhoff-Windeler, Susanne Beimann,
Susanne M. K. Baur, Sabine Lindlbauer, Oliver Seidel, Daniel Lindlbauer,
Connie Wellnitz, John Knill, S. Hofmaier, Wilfried Bach
Litho: Connecting People / Starnberg
Druck: Riess Druck und Verlags GmbH / Benediktbeuern

ISBN 3-930 953-06-4 · Printed in Germany 2002

ABENTEUER BEZIEHUNG

dfkuhdfgouvb klids dsiugh g geerg – «Beziehung ist Kunst»

Isabella Sonntag & Ralf Nemeczek

Design: Sabine Lindlbauer

WUWEI VERLAG

Es gibt Künstler,
die die Sonne
in einen gelben Fleck
verwandeln,

aber es
gibt auch andere,
die einen gelben Flecken
in die Sonne verwandeln.

Pablo Picasso

Dieses Buch schenke ich:

Kapitel, die ich inspirierend finde:

DER UMGANG MIT DIESEM BUCH

Wie wir dieses Buch benutzen.

Wenn wir uns in einer Situation befinden,
in der wir nicht alles «halb so wild» nehmen,
uns langweilen oder inspiriert sein möchten,
werfen wir einen Blick in das Inhaltsverzeichnis
und schlagen das Kapitel auf, das uns in
der jeweiligen Situation am meisten anspricht!

Viele unserer Kapitel haben wenig Worte und gleichzeitig
viel Gehalt zwischen den Zeilen – den Gehalt, den Sie sich selbst gönnen.

Deshalb unsere Bitte:
Nehmen Sie sich alle Zeit dieser Welt für ein einziges Kapitel.

INHALT

ENDE

Zerschossenes Herz

Wenn wir lieben,
spüren wir die Liebe, die immer da ist.
Wenn wir das nicht erkennen wollen,
sind wir verloren.

Wir brauchen keine anderen Menschen,
um in Trauer, Liebeskummer oder Einsamkeit zu leben.
Wir brauchen keine anderen Menschen,
die uns unser Herz zerschießen.

Wir machen das immer mit uns selbst.

Sinn

des Lebens

Was ist der Sinn des Lebens?

Selbst Menschen, die sich diese Frage stellen, haben, wenn auch unbewusst, schon längst einen Sinn für ihr eigenes Leben gewählt. Jeder einzelne Mensch hat seinen eigenen Sinn des Lebens, egal, ob er schon mal darüber nachgedacht hat oder nicht!

Für manche Menschen ist es, genügend Geld zu verdienen, für andere ist es, möglichst viel Sex zu haben, für wiederum andere ist es der technische Fortschritt, für andere ist es Bequemlichkeit und wiederum für andere ist es,...

Das Magische an einem Sinn des Lebens ist, dass er unser Leben lenkt.
Hier ist eine wundervolle Möglichkeit für einen bewusst gewählten Sinn des Lebens:

Der Sinn des Lebens ist die Liebe.

fehlt so sehr, dass wir nicht bemerkt haben, dass es fehlt.

immer

Liebe ist immer da.

Wir müssen nicht losziehen und sie irgendwo oder in irgendjemandem suchen. Sie ist überall und immer da. Wir können sie nicht erzwingen, fordern oder besitzen. Wenn wir Liebe suchen, werden wir sie nicht erfahren. Wenn wir Liebe haben müssen, dann werden wir sie nicht erfahren. Wenn wir die Jagd nach ihr aufgeben, haben wir die Möglichkeit sie zu erfahren.

Genauso wenig können wir Liebe ansammeln oder einfrieren.

Liebe brauchen wir zum Überleben.

Liebe ist immer da.

last

Wir werden immer Ballast haben, der zwischen uns und anderen Menschen steht. Wir werden immer Meinungen, Glaubenssätze, Urteile, Überzeugungen... haben, die unsere eigene Lebendigkeit und die der anderen verringert. Die Wahl, die wir haben, ist die Art und Weise, wie wir mit unserem Ballast umgehen. Wir können uns mit ihm identifizieren, ihn verteidigen und für ihn in den Krieg ziehen oder ihn einfach als Bestandteil des Lebens wahrnehmen und sein lassen.

WENDEPUNKT

Irgendwann kam der Zeitpunkt in meinen Beziehungen,

an dem ICH den anderen verändern wollte

und angefangen habe, Erwartungen an ihn zu stellen.

Das war der Wendepunkt in meinen Beziehungen!

AUSSCHLIESSLICHE LIEBE?

Darf es sein, dass noch ein anderer Mensch die Menschen liebt, die ich liebe? Ist die Liebe ein Ding oder kann es sein,

dass Liebe

einschließlich ist?

Wer ICH bin, ist mein wahres Selbst, das reine kreative Bewusstsein, das ich bin, wenn ich mich nicht mit irgendetwas identifiziere.

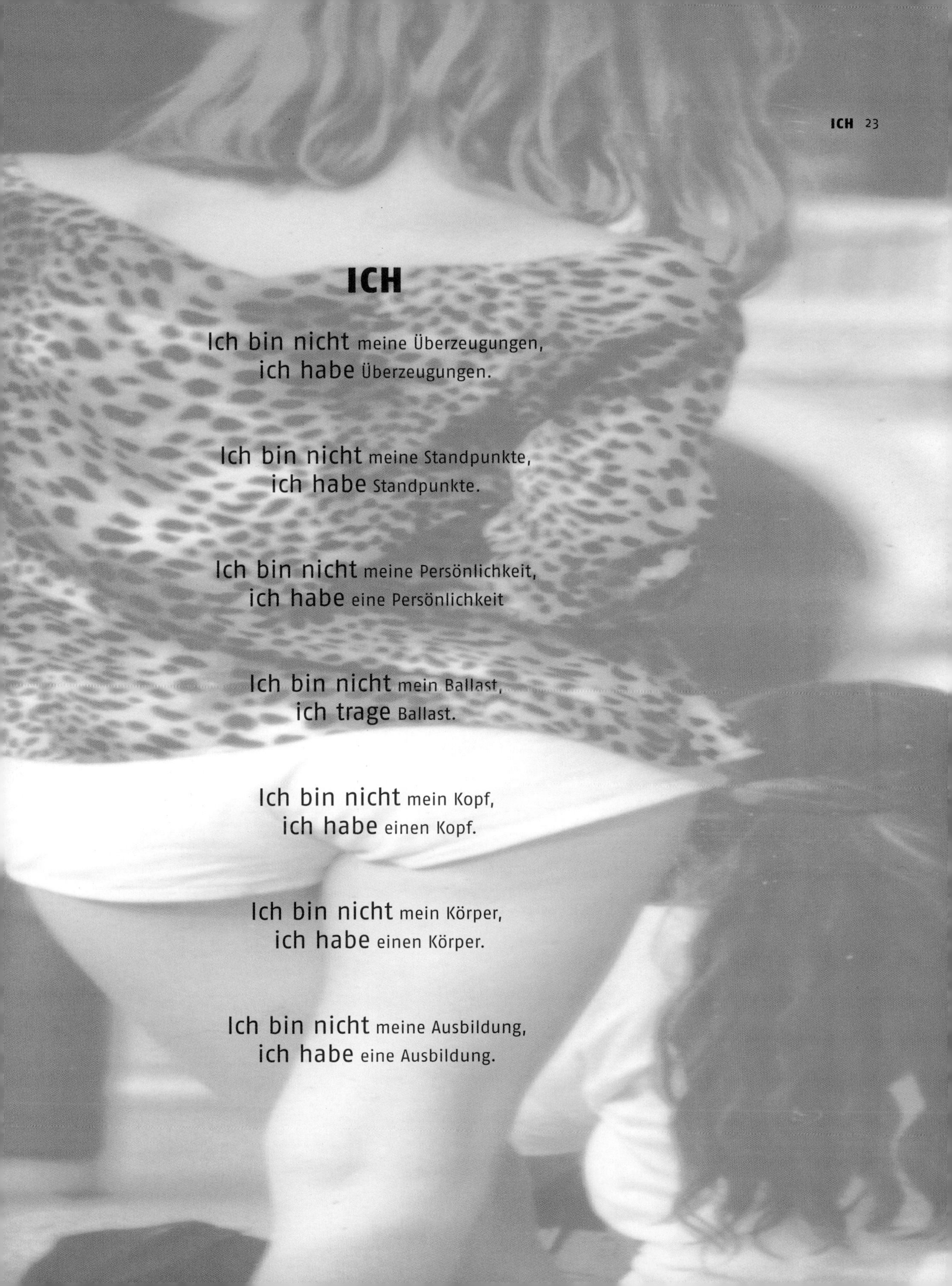

ICH

Ich bin nicht meine Überzeugungen,
ich habe Überzeugungen.

Ich bin nicht meine Standpunkte,
ich habe Standpunkte.

Ich bin nicht meine Persönlichkeit,
ich habe eine Persönlichkeit

Ich bin nicht mein Ballast,
ich trage Ballast.

Ich bin nicht mein Kopf,
ich habe einen Kopf.

Ich bin nicht mein Körper,
ich habe einen Körper.

Ich bin nicht meine Ausbildung,
ich habe eine Ausbildung.

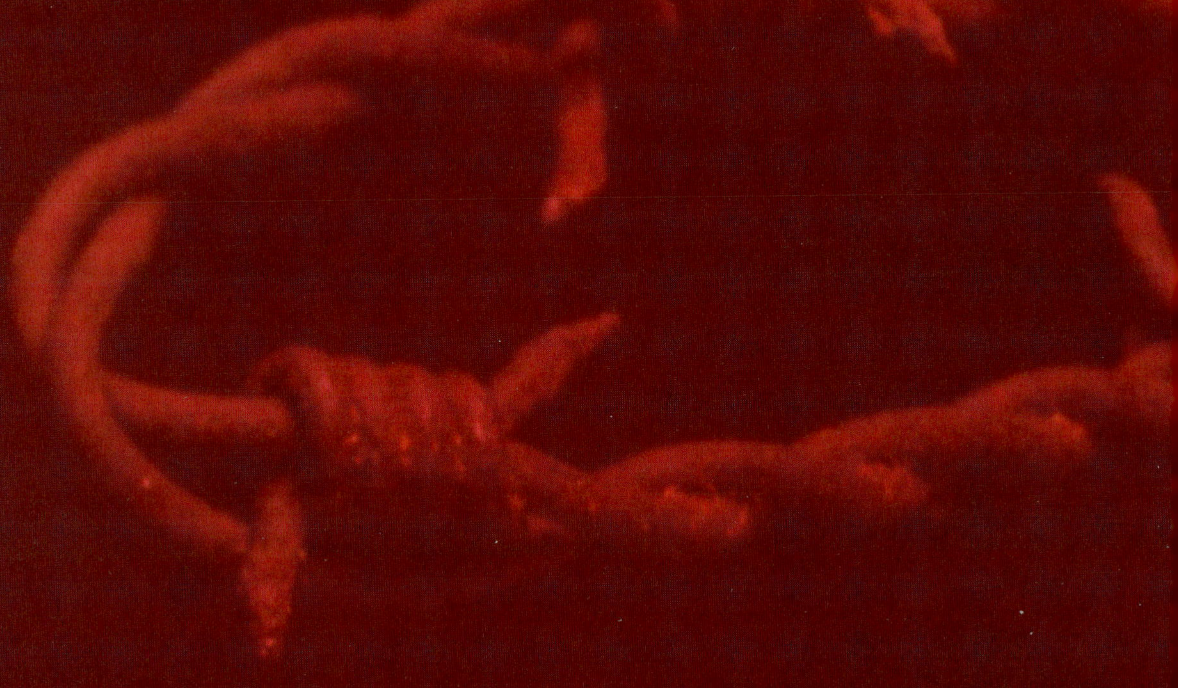

GRUNDLOS DAVON

Es war einmal ein schöner, junger Mann, der zog ins weite Land, um die Frau fürs Leben zu finden. Da traf er in einem kleinen verschlafenen Städtchen ein bildhübsches, angesehenes und wohlhabendes Fräulein. Sie hatte das schönste Gesicht, das er je gesehen hatte. Nachdem die beiden einige schöne Wochen miteinander verbracht hatten, war sich der junge Mann sicher: Sie ist reich, sie ist schön und hat noch dazu die schönste Kutsche weit und breit. Bessere Gründe, jemanden zu heiraten, wird es wohl nur schwerlich geben, dachte er sich und hielt um ihre Hand an. Die beiden heirateten und waren glücklich miteinander bis zu dem Zeitpunkt, als sie bei einem Kutschenunfall ihre Schönheit, die Kutsche und ihr gesamtes Hab und Gut verlor. Dann verließ er sie.

WIE SEHR LIEBE ICH MICH SELBST?

Kann ich mich bedingungslos
wie viel Geld ich habe
egal, wie viel Über-
egal, welches
egal, wie viele
ich getan habe,
viele »unmoralische
gehabt habe, egal,
ich auf mich geladen habe,

lieben? Dafür, wer ich bin, egal, wie ich aussehe, egal,

egal, wie gesund ich bin, egal, was die anderen über mich sagen,

der Untergewicht ich habe, egal, wie viele Schulden ich habe,

Auto ich fahre, egal, wie viele Freunde ich habe,

Menschen ich unglücklich mache, egal, wie viele »schlimme« Dinge

egal, wie oft ich meine Vorhaben nicht umgesetzt habe, egal, wie

Dinge ich gemacht habe, egal, wie viele »Niederlagen« ich schon

wie viele »Fehler« ich schon gemacht habe, egal, wie viel »Schuld«

egal, wie viel...

HERZSCHMERZ

Liebeskummer gibt es nicht. Wenn es weh tut oder gar schmerzt, dann ist es keine Liebe!

HANDLUNGSFREUDIGKEIT

Dort, wo es mir an Handlungsfreudigkeit fehlt, werde ich meine Willenskraft einsetzen.

Ich fühle dann:

ICH SOLLTE

ODER

ICH SOLLTE WOLLEN

Hinter ich sollte und ich sollte wollen

steckt immer das Gefühl **»ICH MAG NICHT«**.

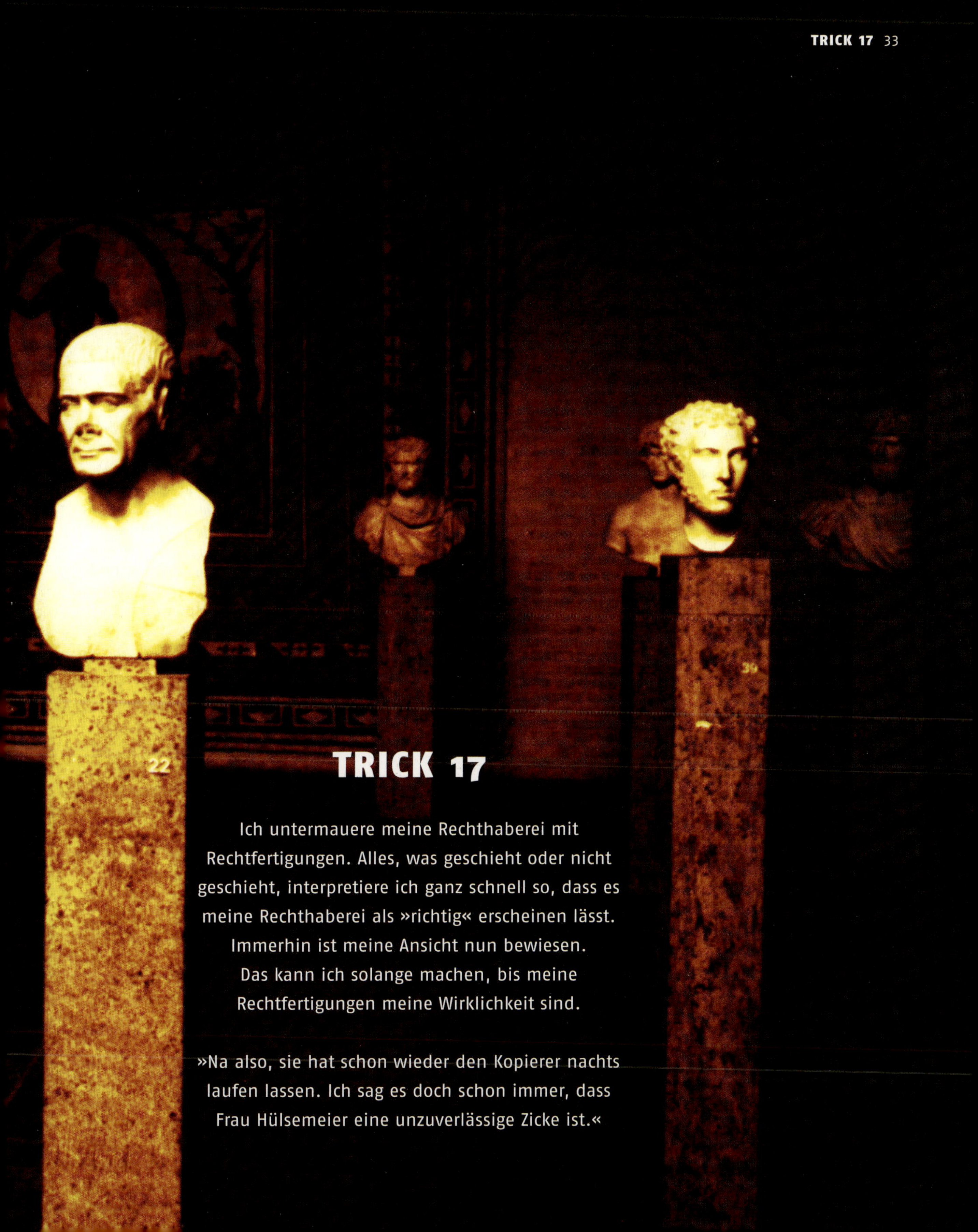

TRICK 17

Ich untermauere meine Rechthaberei mit Rechtfertigungen. Alles, was geschieht oder nicht geschieht, interpretiere ich ganz schnell so, dass es meine Rechthaberei als »richtig« erscheinen lässt. Immerhin ist meine Ansicht nun bewiesen. Das kann ich solange machen, bis meine Rechtfertigungen meine Wirklichkeit sind.

»Na also, sie hat schon wieder den Kopierer nachts laufen lassen. Ich sag es doch schon immer, dass Frau Hülsemeier eine unzuverlässige Zicke ist.«

SCHULDIG IM SINNE DES ANGEKLAGTEN

Schuld–Handlung–Schuld–Handlung–Schuld–Handlung–Schuld–Handlung–...

Durch diesen Kreislauf halte ich mich selbst klein.

Schuld ist eine Währung, mit der ich gerne für das »Schlechte« bezahle, das ich getan oder nicht getan habe, gedacht habe oder mir vorstelle zu tun.

Wenn ich mich schuldig fühle, dann muss ich mich nicht mit mir selbst konfrontieren. Dann muss ich mir nicht diejenigen Seiten an mir anschauen, die ich selbst für schlecht befinde. Schuld hindert mich daran, mich in meiner ganzen Großartigkeit zu sehen und das was mir gefällt, in vollen Zügen zu genießen.

Ich kann jederzeit damit aufhören, mich schuldig zu fühlen.

TRICK 18

Ich untermauere meine Rechthaberei durch
die Übereinstimmung mit anderen Menschen.
Ich ziehe andere Menschen in Übereinstimmung,
damit meine Rechthaberei als »richtig« erscheint.
Immerhin bin ich ja nicht alleine
mit meinen Ansichten.
Das kann ich solange machen, bis die Übereinstimmungen meine Wirklichkeit sind. »Seht Ihr,
die ganze Abteilung denkt, dass Frau Hülsemeier
eine unzuverlässige Zicke ist, also muss es
richtig sein!«

MEIN HÄRTESTER KRITIKER

HÄRTESTER

IKER BIN

ICH SELBST!

IDENTIFIKATIONEN

IN DEN ERSTEN MOMENTEN MEINES LEBENS HATTE ICH NUR CHAOS UM MICH HERUM.
ICH HATTE NOCH NICHT EINMAL EINE SPRACHE, IN DER DAS WORT CHAOS ENTHALTEN WAR,
ICH MACHTE EINFACH PURE, NACKTE ERFAHRUNGEN.

BEI MEINER GEBURT WAR ICH MEIN WAHRES SELBST.

SPÄTER ERST IDENTIFIZIERTE ICH MICH SCHRITT FÜR SCHRITT MIT MEINEM KÖRPER,
MEINEM KOPF, MEINER PERSÖNLICHKEIT...

DURCH DIESE IDENTIFIKATIONEN, WURDE ICH BLIND FÜR ALL DAS, WAS ICH WAHRHAFT BIN.

UND AB DA WAR MIR AUCH VOLLKOMMEN KLAR, DASS AUCH ALL DIE ANDEREN MENSCHEN
IHR KÖRPER, IHR KOPF, IHRE PERSÖNLICHKEIT... SIND.

22

JA GENAU

Wie leicht falle ich auf Trick 18 herein?

WIE SEHR LIEBE ICH MICH SELBST?

Kann ich mich bedingungslos lieben? Dafür, wer ich bin, egal, wie ich aussehe, egal, wie viel Geld ich habe, egal, wie gesund ich bin, egal, was die anderen über mich sagen, egal, wie viel Über- oder Untergewicht ich habe, egal, wie viele Schulden ich habe, egal, welches Auto ich fahre, egal, wie viele Freunde ich habe, egal, wie viele Menschen ich unglücklich mache, egal, wie viele »schlimme« Dinge ich getan habe, egal, wie oft ich meine Vorhaben nicht umgesetzt habe, egal, wie viele »unmoralische« Dinge ich gemacht habe, egal, wie viele »Niederlagen« ich schon gehabt habe, egal, wie viele »Fehler« ich schon gemacht habe, egal, wie viel »Schuld« ich auf mich geladen habe, egal, wie viel…

MANIPULIEREN

Wie oft bezwecke ich mit meinem Verhalten eine bestimmte Reaktion bei anderen Menschen?

DOMINIEREN

Wie oft zwänge ich anderen Menschen meinen Willen auf?

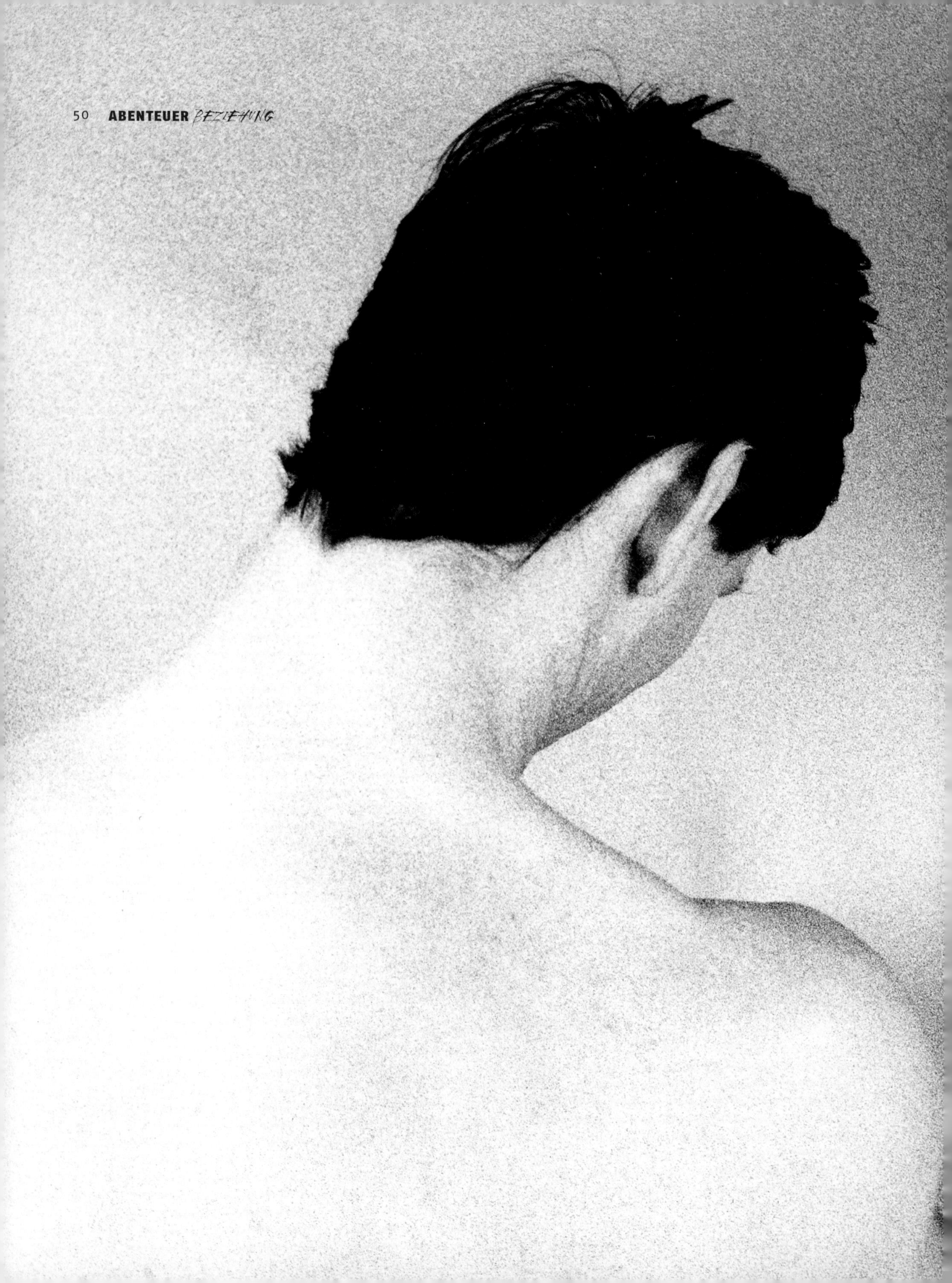

KONTROLLIEREN

Wie oft will ich mir sicher sein, dass andere Menschen sich in einer von mir gewünschten Art und Weise verhalten und denken?

SCHLÜSSEL ZUM GEFÄNGNIS

Ich fühle mich einsam. Sehne mich nach einem Partner.
Ich weiß: da draußen läuft er irgendwo rum.

Ich sehne mich nach seiner Zärtlichkeit,
nach seiner Aufmerksamkeit, nach seiner Liebe.

Dann finde ich einen Partner und freue mich.

Dann auf einmal reicht es nicht mehr aus, dass er irgendwo
rumläuft. Ich will, dass er ein Versprechen abgibt, für immer
bei mir zu bleiben.
Er soll mir schwören, nur mich und niemanden anderen
zu lieben. Will er es tun, so darf er es dann nicht.
Und sollte er es doch tun, dann bricht er somit seinen Schwur
und ich darf ihn dafür beschuldigen und hassen.

Diese Entweder-Oder-Haltung ist der Schlüssel zum Gefängnis.

WARTEN

Wie oft schon habe ich auf Dich gewartet,
auf Deinen Anruf, einen Brief, ein E-Mail,
einen Blumenstrauß – auf ein Lachen.

Und jedes Mal, wenn ich drauf wartete,
kam nichts. Das Telefon blieb tagelang
stumm, der Postbote machte einen großen
Bogen um mein Haus, der Computer stürzte
urplötzlich ab, Blumenläden waren geschlossen
und Deine Lippen bewegungslos.

Dann habe ich vergessen, zu warten
und alles kam zu gleicher Zeit;

wenn auch nicht von Dir...

SCHULDIG FÜHLEN

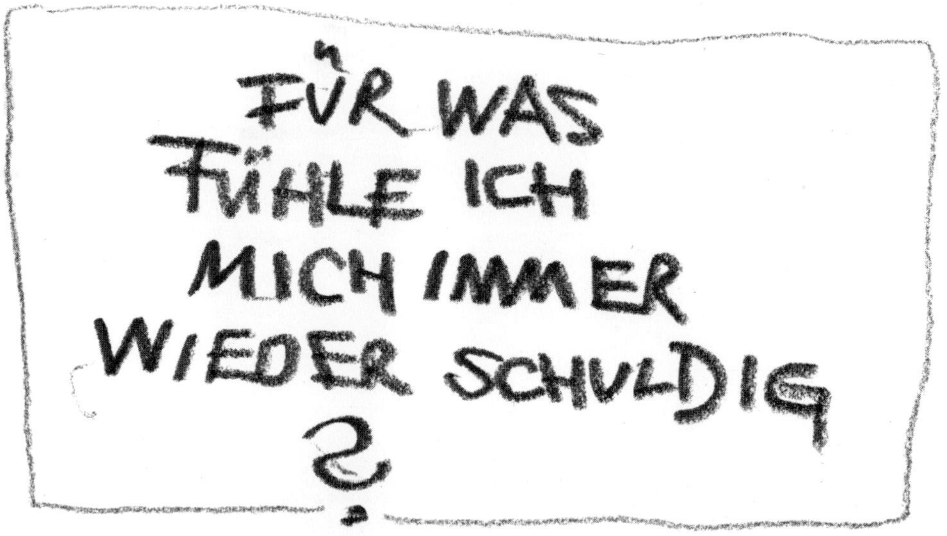

MIT SOFORTWIRKUNG

So ein linker Hund...

Dieser aufgeblasene Idiot...

So ein Gesindel...

So ein Dummschwätzer...

Dieser Dreckfink...

Warum fühle ich mich nicht wohl dabei, wenn ich andere Menschen verurteile und schlecht über sie spreche? Weil ich damit immer auch mich selbst verurteile und über mich selbst schlecht spreche! Weil das Getrenntsein nur eine Illusion ist!

SCHAMLOS GLÜCKLICH

Für was sollten wir uns schämen?

Für unsere sexuellen Vorlieben,
die uns Spaß machen?

Für unseren Körper, der so ist,
wie er ist?

Für unsere Gedanken, die einfach
da sind und zu uns gehören
wie unser linker Fuß?

Für das, was uns wichtig ist?

Vorsicht ist geboten, denn sonst
könnte es uns passieren, dass wir
einem Menschen begegnen, der
das gleiche denkt, macht und liebt.
Denn zuviel Spaß ist verboten!!!

DEFINITION LIEBE

Um meine Umwelt für meinen Kopf begreifbar zu machen, erschuf ich mir auch eine Definition für die Liebe. Um genau wissen zu können, wann ich geliebt werde und wann nicht, erschuf ich mir meine ganz persönliche Definition für die Liebe.

Diese Definition trage ich auch jetzt in diesem Moment in mir.

Wenn ein Mensch, den ich liebe, mir Blumen schenkt, mich massiert, mich zum Essen einlädt, dann weiß ich – dank meiner Definition – dass dieser Mensch mich liebt. Aha: Er liebt mich!

Wenn der gleiche Mensch mich anschreit, mich beleidigt, mich beklaut, dann weiß ich – dank meiner Definition – dass er mich nicht liebt. Aha, er liebt mich nicht!

Auch wenn dieser Mensch mich trotz seiner Schreierei liebt, ich werde sein Verhalten nicht als Ausdruck von Liebe werten.

Meine höchstpersönliche Definition für die Liebe lässt mich Angenehmes als Ausdruck von Liebe werten und Unangenehmes nicht. Je nachdem, was für mich angenehm, bzw. unangenehm ist.

Könnte es aber sein, dass die Liebe grenzenlos, einschließlich, unbeschränkt und unabhängig von Raum und Zeit existiert?

Könnte es sein, dass Liebe jenseits von Definition einfach ist...?

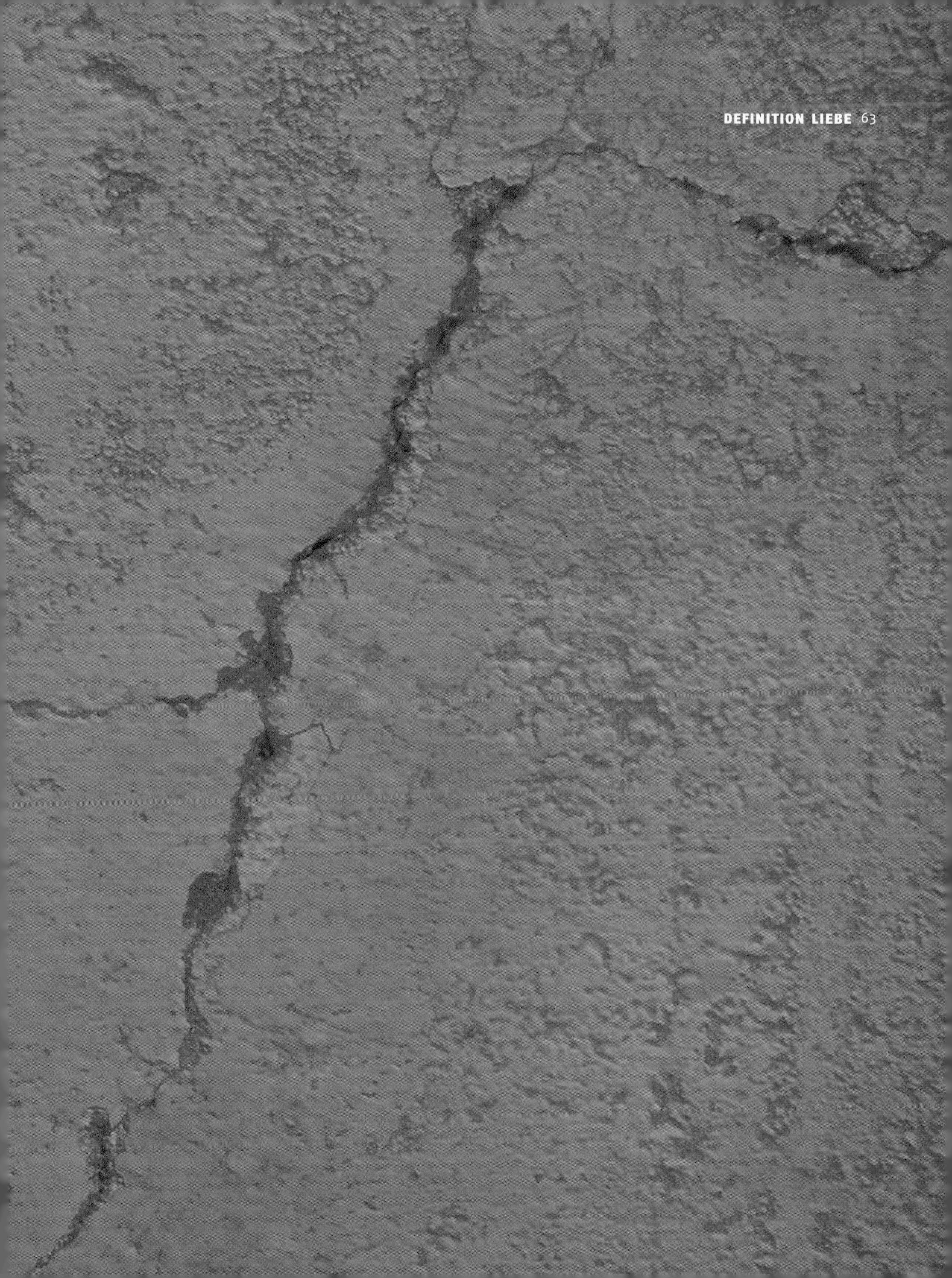

EINZIGARTIGE LIEBE?

Durchsuche ich meine Welt nach der einzigartigen Liebe? Suche ich sie ab nach meinem Traumprinzen, meiner Traumfrau?

Ist die Liebe ein Ding oder kann es sein, dass Liebe nicht personenbezogen ist?

KINDERWUNSCH

Mein Herz sagt: Ich möchte ein Kind.

Mein Kopf sagt: Ich habe nicht genügend Geld. Was ist, wenn die Beziehung auseinander geht? Es schränkt meine Freiheit ein. Ich kann weniger Urlaub machen. Ich werde Freundschaften verlieren. Ich muss auf Mandelschokohörnchen verzichten.

DER RICHTIGE PARTNER

Habe ich den richtigen Partner?

Habe ich den richtigen Partner?

Habe ich den richtigen Partner?

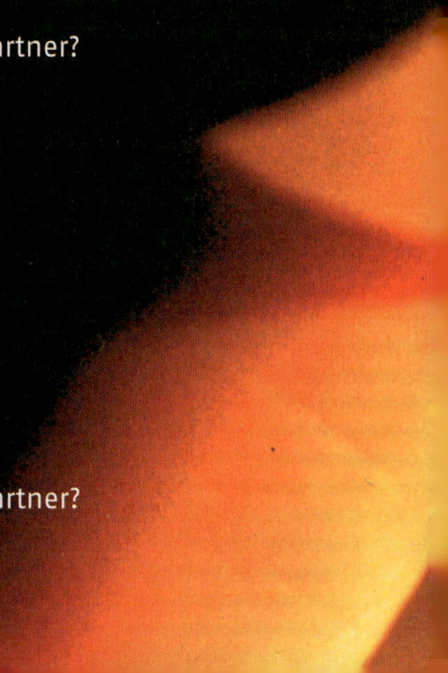

ICH HABE IMMER DEN
PARTNER,
DEN ICH HABE!

Wie gehe ich mit den anderen um, wenn sie wütend, gereizt, unsicher… sind?

ZWEIERLEI MASS

Ich wünsche mir, dass andere Menschen mich nicht verurteilen und abstempeln,
wenn ich wütend, gereizt, unsicher, zornig, egoistisch, manipulativ, oberflächlich, selbstherrlich... bin.

Ich möchte, dass die anderen mich dennoch als liebenswerten Menschen sehen und behandeln.

EIN KIND NAMENS NEIN

Wie viele Kinder werden auf eine Art und Weise erzogen, dass sie denken könnten, ihr Name sei

Nein?

HORRORSZENARIO

Stellen wir uns vor, dass alle Menschen in unserem Leben uns all das geben, was wir wollen. Sie machen das mit uns ein Leben lang. Einzige Bedingung: wir dürfen ein Leben lang NICHTS geben. Wir dürfen nur noch nehmen!

BEDINGUNGSLOSE LIEBE

Wenn ich einen anderen Menschen bedingungslos liebe, dann liebe ich ihn unabhängig davon, welchen Lebensweg er einschlägt, wie sich die Form unserer Beziehung ändert, mit wem er zusammen leben möchte, wie weit er von mir entfernt wohnt... Ohne Ansprüche, Bedingungen oder Erwartungen kann ich immer und jederzeit aus tiefstem Herzen sagen: ICH LIEBE DICH.

MÄRCHEN UND PRINZEN

Im Kindesalter bekam ich Märchen vorgelesen, in denen es um
die große Liebe des Lebens ging. Später las ich Groschenromane,
in denen es um die große Liebe des Lebens ging.
Dann schaute ich Seifenopern im Fernsehen an, in denen es um
die große Liebe des Lebens ging.
Seither jage auch ich dieser Märchenprinzessin,
bzw. diesem Märchenprinzen hinterher, manchmal sogar
während ich schon einen Lebensabschnittspartner habe.

Dann, ab und zu, finde ich einen Menschen, der das Prädikat
"Märchenprinz" bzw. "Märchenprinzessin" von mir bekommt
und ich teste ihn solange, bis ich feststelle, dass er/sie
nicht der weisse Schimmelreiter ist, auf den ich
ein Leben lang gewartet habe.

Nächster bitte!!

NÖRGELSÜCHTIG

Niemand geht mit Nörgeleien
freundlich und gerne um.
Auch nicht ich, wenn ich an
mir selbst herumnörgle.

Ich bin so faul.
Ich bin zu unaufmerksam.
Ich bin so schwach.
Ich bin zu ungeschickt.
Ich bin so undiszipliniert.
Ich bin so vorlaut.
Ich bin zu langsam.
Innerer Widerstand ist das,
was ich mit meiner
Nörgelei bewirke.

MANN-FRAU-RECHTFERTIGUNGEN

Ich bin eine Frau. Frauen sind so!

Ich bin ein Mann. Männer sind so!

Wie sehr rechtfertige ich mein Verhalten mit den Unterschieden zwischen Mann und Frau?

RICHTIGER BALLAST

SOBALD ICH EINEN »RICHTIGEN« STANDPUNKT EINNEHME, ERZEUGE ICH GANZ AUTOMATISCH BEI DEN MENSCHEN, DIE EINEN ANDEREN STANDPUNKT FÜR RICHTIG HALTEN, EINEN WIDERSTAND.

SOBALD ICH EIN »RICHTIGES« URTEIL FÄLLE, ERZEUGE ICH GANZ AUTOMATISCH BEI DEN MENSCHEN, DIE EIN ANDERES URTEIL GEFÄLLT HABEN, EINEN WIDERSTAND.

SOBALD ICH EINE »RICHTIGE« MEINUNG VERTRETE, ERZEUGE ICH GANZ AUTOMATISCH BEI DEN MENSCHEN, DIE EINE ANDERE MEINUNG FÜR RICHTIG HALTEN, EINEN WIDERSTAND.

DIE LETZTEN FRAGEN Irgendwann liege ich im Sterben und werde mich fragen: Habe ich

meine Liebe zum Ausdruck gebracht? **UND** Habe ich die Liebe geschätzt, die andere Menschen für mich empfanden?

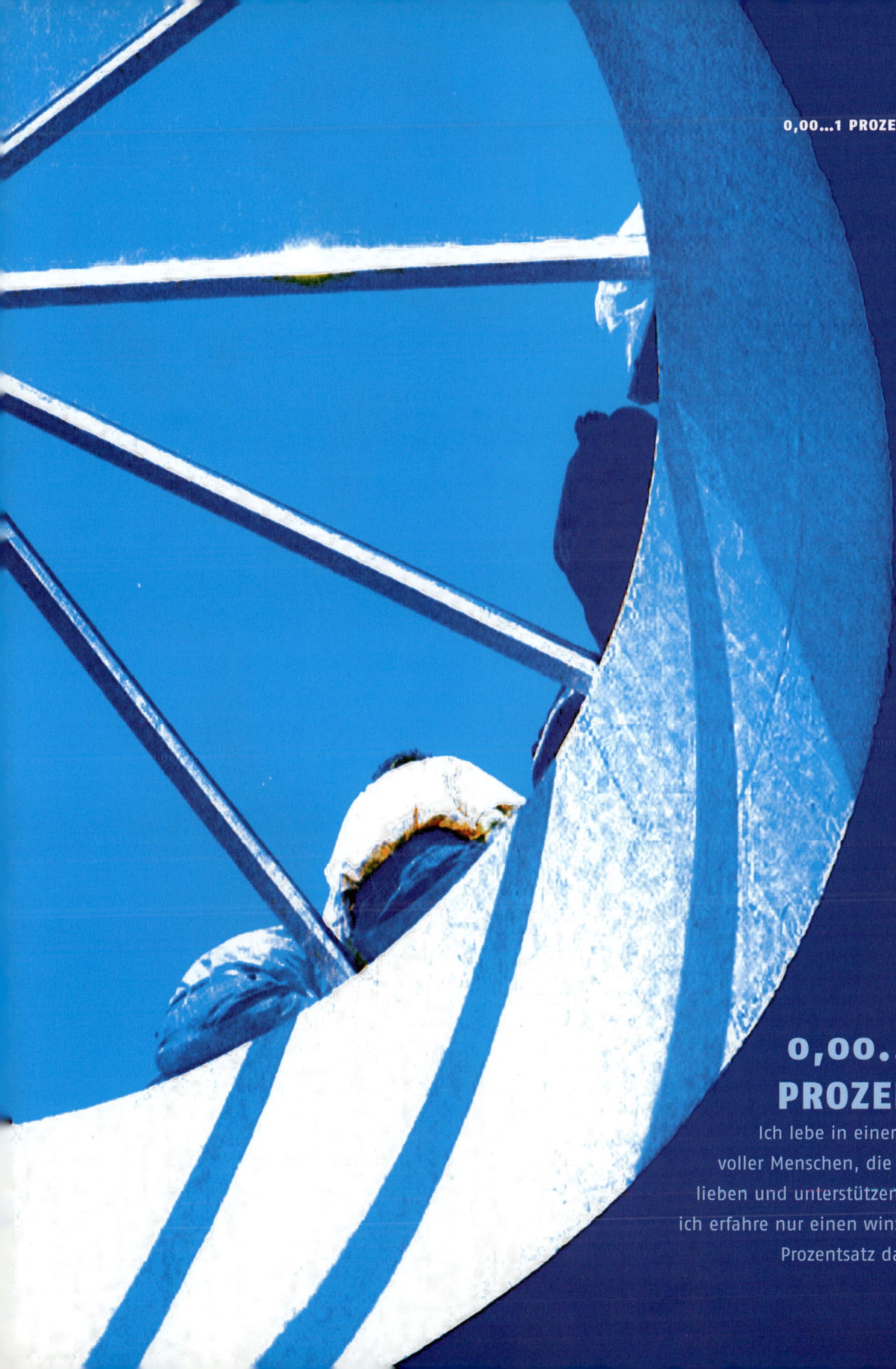

0,00...1 PROZENT

Ich lebe in einer Welt voller Menschen, die mich lieben und unterstützen und ich erfahre nur einen winzigen Prozentsatz davon.

ALLES DENKBARE

Mit meiner Hautfarbe?

Mit meinem sozialen Status?

Mit meinen Büchern?

Mit meiner Ausbildung?

Mit meinen Fortbildungen?

Mit meiner sexuellen Vorliebe?

Mit meinen Geschmacksnerven?

Mit meiner politischen Überzeugung?

Mit meiner Religion?

Mit meiner Nationalität?

Mit meinen Erfahrungen?

Mit meiner finanziellen Situation?

Mit meinem Beruf?

Mit meiner...

Mein Kopf wird alles nur Denkbare
dazu heranziehen, um Recht zu haben!

VERPASSTE CHANCE

Wenn ich die Menschen in meinem Umfeld ständig mit anderen vergleiche, dann verpasse ich die Gelegenheit, mitzubekommen, wer sie wirklich sind. Ich verpasse ihre Grossartigkeit, Einzigartigkeit und Unvergleichbarkeit.

VERANTWORTUNG ADE

IN EINER BEZIEHUNG TRÄGT JEDER

5

DER VERANTWORTUNG.

ODER?

WARUM ABENTEUER BEZIEHUNG?

Wie viele Menschen kennen wir, die uns einst geliebt haben, die tief in unserem Herzen waren und jetzt nicht mehr in unserem Leben sind?

Wie viele davon würden nicht mehr zu uns zurückkommen wollen und wie viele davon wären nicht mehr willkommen?

UNMORALISCH

Moral gliedert in GUT und SCHLECHT.
Doch das Leben kennt kein GUT und SCHLECHT.
Leben ist.

DER SCHILLERSATZ

Ich liebe Dich

DER KILLERSATZ

Ich liebe Dich

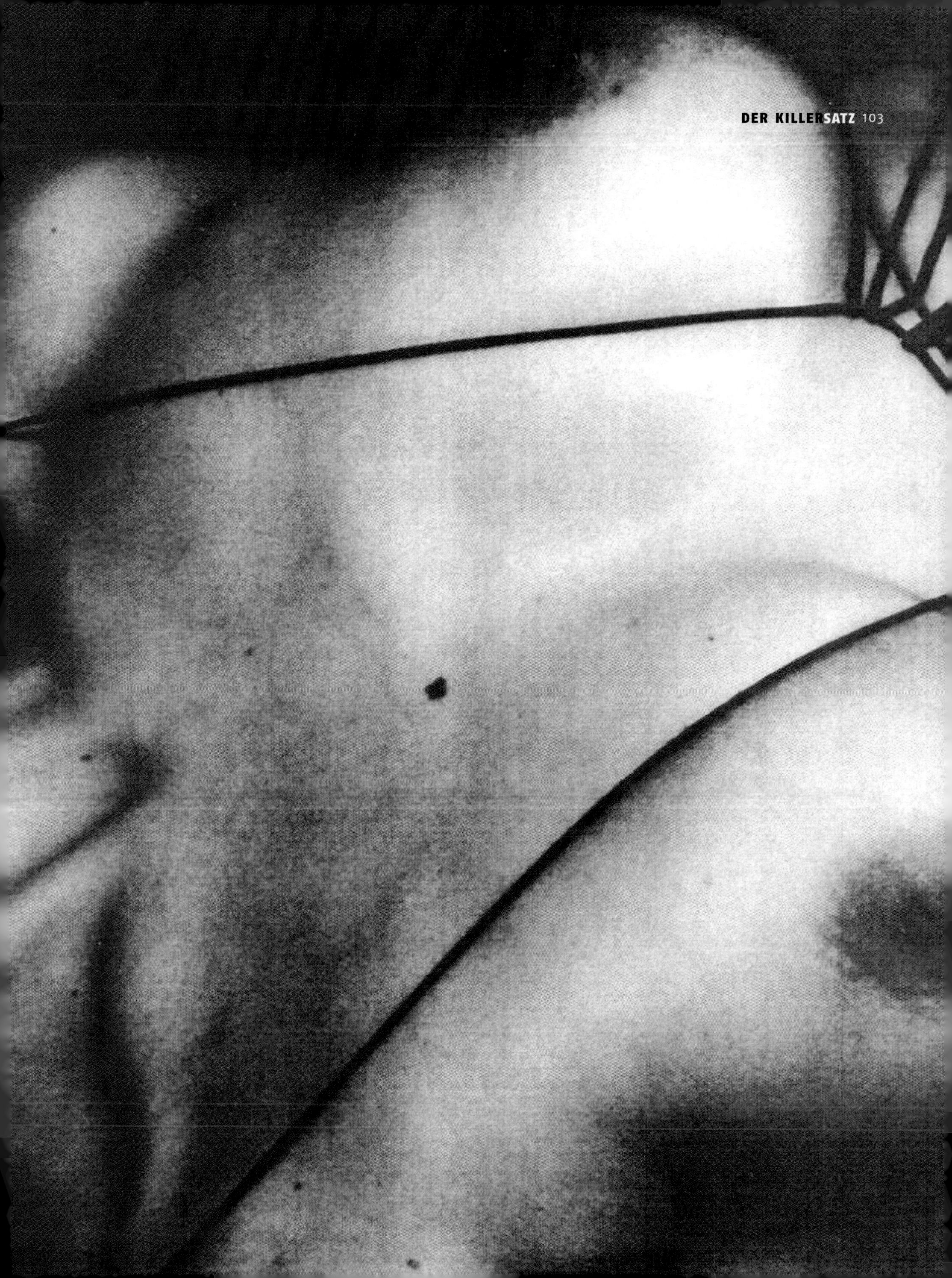

34
USA
2001

BEGRENZTE LIEBE?

Ist Liebe
in meiner Welt
nur begrenzt
vorhanden?

Ist die Liebe
ein Ding
oder kann es
sein, dass Liebe

grenzenlos ist?

DANKE

Danke, dass ich mich über die Dinge aufregen darf, die ich an Dir so schrecklich finde!

Sonst hätte ich vielleicht nicht so schnell erkannt, was ich in Wirklichkeit an mir so schrecklich finde!

WIE SEHR LIEBE ICH MICH SELBST?

Kann ich mich bedingungslos lieben.
Dafür, wer ich bin, egal, wie ich aussehe,
egal, wie viel Geld ich habe, egal, wie gesund ich bin,
egal, was die anderen über mich sagen, egal, wie viel Über-
oder Untergewicht ich habe, egal, wie viel Schulden ich habe,
egal, welches Auto ich fahre, egal, wie viele Freunde ich habe,
egal, wie viele Menschen ich unglücklich mache,
egal, wie viele »schlimme« Dinge ich getan habe,
egal, wie oft ich meine Vorhaben nicht umgesetzt habe,
egal, wie viel »unmoralische« Dinge ich gemacht habe,
egal, wie viele »Niederlagen« ich schon gehabt habe,
egal, wie viele »Fehler« ich schon gemacht habe,
egal, wie viel »Schuld« ich auf mich geladen habe,

egal, wie viel...

ABHÄNGIG I

Bin ich alleine
so wenig wert,
dass ich nach einer
Beziehung suche
oder an einer festhalte,
durch die ich mich
wertvoll fühle?

Bin ich dadurch
abhängig von dieser
Beziehung?

ABHÄNGIG II

Fühle ich mich
selbst so unvollständig,
dass ich nach einer
Beziehung suche
oder an einer festhalte,
die meine Unvollständig-
keit ausgleicht?

Bin ich dadurch
abhängig von dieser
Beziehung?

ABHÄNGIG III

Habe ich bewusst
und unbewusst so sehr
Angst vor dem Tod,
dass ich nach einer
Beziehung suche
oder an einer festhalte,
in der ich mich
sicher fühle?

Bin ich dadurch
abhängig von dieser
Beziehung?

ABHÄNGIG IV

Fühle ich mich
selbst so lieblos,
dass ich nach einer
Beziehung suche
oder an einer festhalte,
die meine Liebe zum
Erwachen bringt?

Bin ich dadurch
abhängig von dieser
Beziehung?

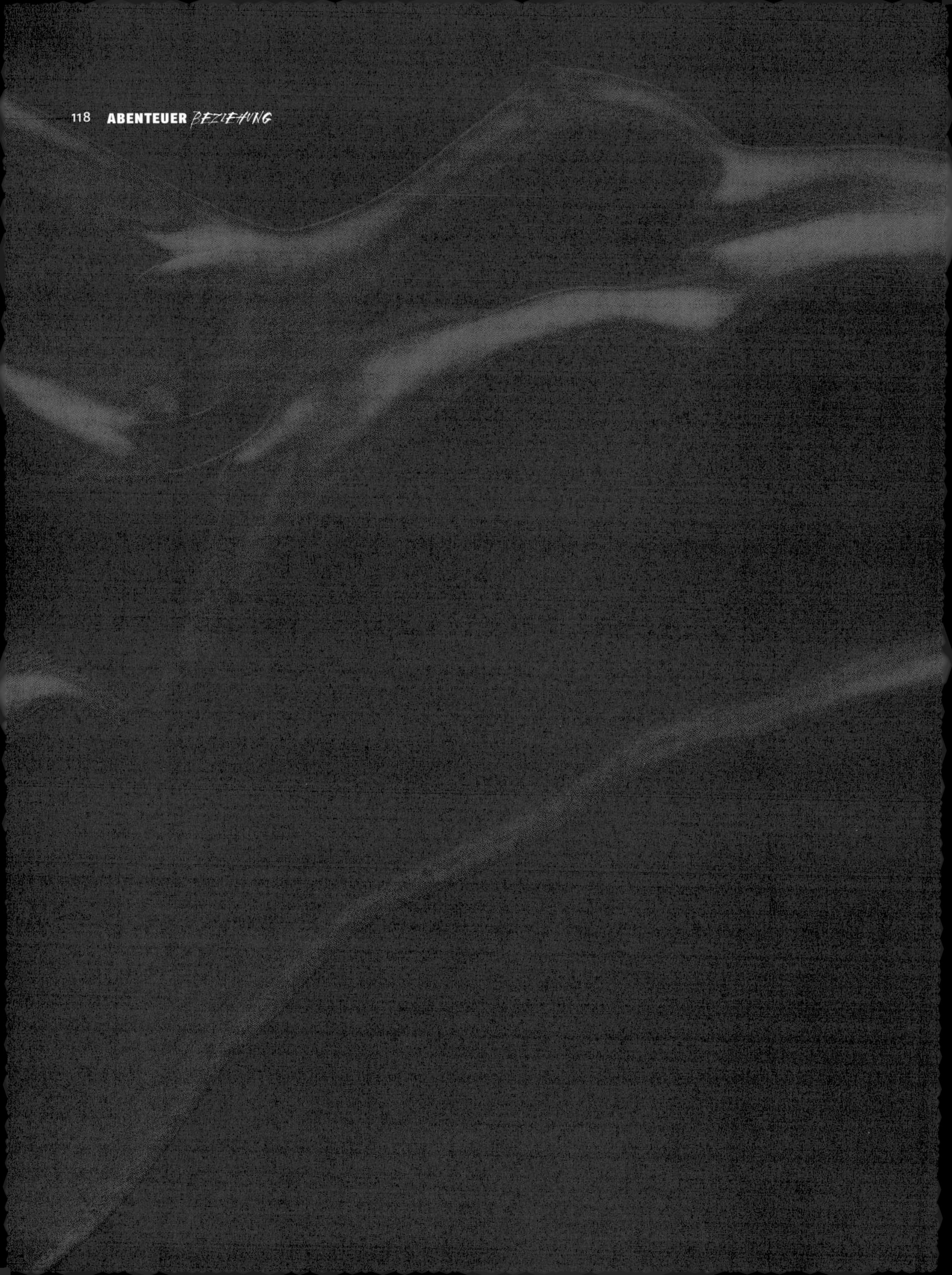

EROTIK

Nichts ist so erotisch, anziehend und sexy wie ein Mensch, der mit Feuer im Bauch und Liebe im Herzen unterwegs ist.

HALLO

Wenn ich nicht bewusst wahrnehme, mit wem ich momentan zusammen bin, dann hat diese Beziehung nur wenig Chancen, erfüllend und bereichernd zu sein. Und ganz bestimmt ist dieser Mensch anders als ich denke und möchte, dass ich das bemerke.

JEMAND ANDEREM ETWAS ANTUN

Alles, was ich anderen
antue, das tue ich auch
mir selbst an!
Denn ich bin
die anderen und
die anderen sind ich!

IMMER

IMMER 100%

EGAL, WIE VIEL VERANTWORTUNG
ICH AUS MEINEN HÄNDEN GEBE,
ICH BEHALTE
IMMER 100%.

ICH SELBST TRAGE
ZU 100%
DIE KONSEQUENZEN FÜR DAS,
WAS MIT MEINEM
EIGENEN LEBEN GESCHIEHT.

AUFOPFERUNGSLICHTSCHUTZ

Aufopfern für andere Menschen, für meine Kinder, für meine Eltern, für meinen Partner, ist eine hervorragende Möglichkeit, nicht für mich und mein eigenes Licht zu sorgen.

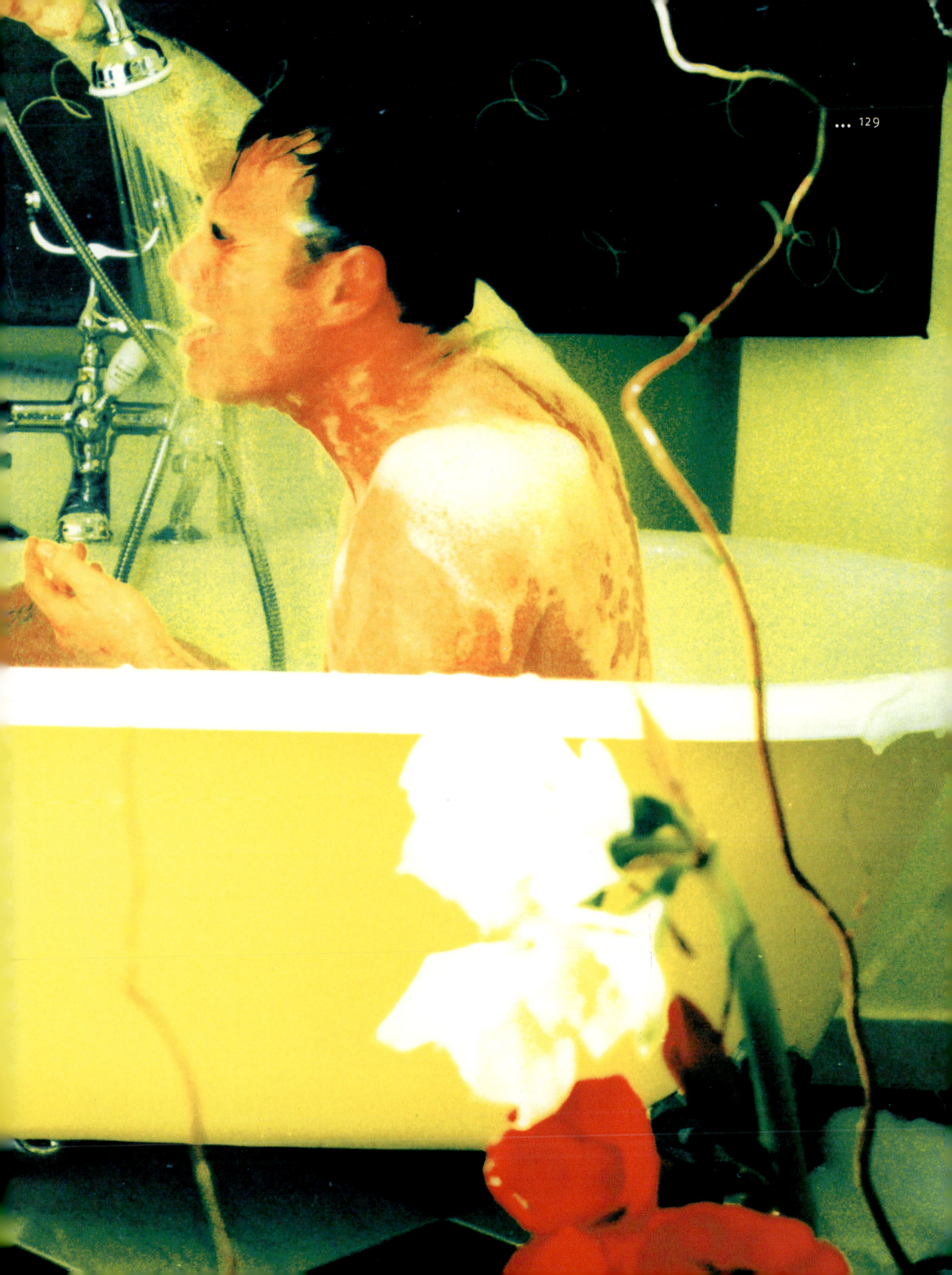

DIE GRUNDLEGENDE TRAGÖDIE

Die grundlegende Tragödie menschlicher Beziehungen:
Ich erschaffe mir meine Wirklichkeit und andere Menschen
erschaffen sich ihre Wirklichkeit und alle denken wir dann,
wir hätten Recht mit unserer Wirklichkeit
und die anderen Unrecht mit ihrer.

In Situationen, in denen es nur ums Rechthaben geht,
sind Mitgefühl und Intimität nicht vorhanden.
Dafür sind aber Tür und Tor offen für Streit und Krieg.

ERLAUBNIS ZU SEIN

Wenn ich meinen Kopf und
sein unbändiges Verlangen,
Recht haben zu wollen,
durchschaue, dann habe
ich die Möglichkeit, meine
Rechthaberei sein zu lassen.

Andere Menschen
sind dann gerne
mit mir zusammen.

Denn ich erlaube ihnen,
zu sein!

JEMANDEN VERLIEREN

WIE KANN ICH ANDERE MENSCHEN JEMALS VERLIEREN, WENN ICH SELBST DIE LEBENSKRAFT BIN, DURCH DIE MEINE BEZIEHUNGEN EXISTIEREN? ICH KANN NUR SOVIEL KUMMER UND LEID ERLEBEN, WIE ICH DARAN GLAUBE, EINEN ANDEREN MENSCHEN BESITZEN ZU KÖNNEN.

Verdammt noch
Partner hat m
glücklich zu m
glücklich machen). S
er mir nur im W
mich) und macht
schwer *(und bietet*
wachsen). Er so
zen, *(er unterstützt*
"Da-sein") statt im
zu denken *(und inden*
eigenes Leben lebt). B
noch mal etwa
mir besser

mal (danke). Mein
ch gefälligst
achen (ich darf ihn
attdessen steht
eg rum (er begleitet
mir das Leben
nir Gelegenheiten zu
mich unterstü
nich allein durch sein
mer nur an sich
r in vollen Zügen sein
soll verdammt
tun, damit es
geht !!! (...)

WIRKLICHKEIT UND MITGEFÜHL

Meine Wirklichkeit erscheint mir deshalb so wirklich, weil ich sie selbst wahrnehme.

Alle anderen Menschen haben auch eine Wirklichkeit; aber eine andere. Wenn ich fähig bin, die Wirklichkeit eines anderen Menschen zu erspüren und zu erfühlen, dann habe ich Mitgefühl.
Dann erst spüre ich dieses pulsierende Leben des anderen.
Wenn ich ausschließlich in meiner eigenen Wirklichkeit lebe, empfinde ich vielleicht Verständnis, Mitleid oder Sympathie, aber kein Mitgefühl.

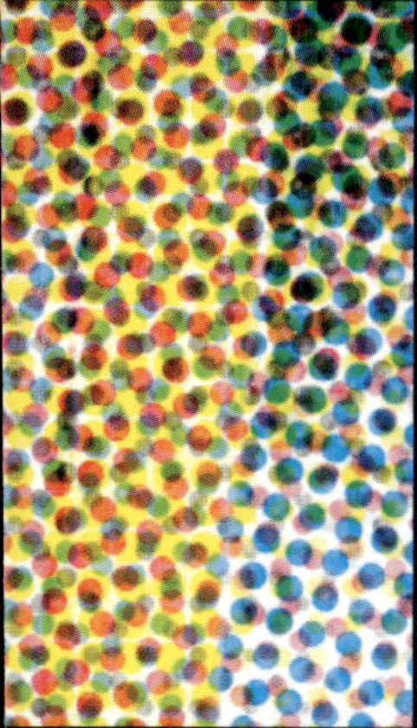

KLEIN HALTEN

»Oh je, das ist ja echt schlimm. Du Arme, das ist ja echt schrecklich

Kein Wunder, geht es Dir so schlecht. Da würde es mir auch ganz

ganz schlecht gehen. Oh je, hast du es schwer!«

Mit meinem Mitleid halte ich den anderen klein.

MITGEFÜHL

Mitgefühl – was ist das?

Mitgefühl ist das, was mich mit anderen Menschen wahrhaftig verbindet. So sehr verbindet, dass ich spüre und fühle, dass ich aus dem selben Holz geschnitzt bin wie sie. Das, was die Illusion der Trennung aufhebt.

Doch der Preis für Mitgefühl ist immens hoch:

Ich müsste meinen ganzen Sicherheitsabstand sein lassen und mich den Blicken und den Herzen der Menschen offenbaren! Der Preis lautet: Schaut in mich hinein, ich habe nichts zu verbergen, ich bin ein Mensch wie ihr!

LERNEN Gibt es irgendeinen Menschen oder ein anderes Wesen auf diesem Planeten von dem ich nichts lernen kann?

BEZIEHUNGEN BEENDEN

Ich kann keine Beziehung beenden. Ich habe immer zu dem, was ich kenne, eine Beziehung.
Ich kann meinen Partner hassen und ihn in die Wuste schicken.
Die Frage ist: Was mache ich dann mit der Wüste in meinem Herzen?

STREIT

»Das ist so. Nein, das ist nicht so. Doch es ist so. Nein, ist es nicht.

Doch ist es. Nein, ist es nicht. Doch ist es. Nein, ist es nicht. Doch ist es.

Nein, ist es nicht. Doch ist es. Nein, ist es nicht. Doch ist es. Nein, ist es
nicht. Doch ist es. Nein, ist es nicht. Doch ist es. Nein, ist es nicht. Das ist
so. Nein, das ist nicht so. Doch es ist so. Nein, ist es nicht. Doch ist es.
Nein, ist es nicht. Doch ist es. Nein, ist es nicht. Doch ist es. Nein, ist es
nicht. Doch ist es. Nein, ist es nicht. Doch ist es. Nein, ist es nicht.
Doch ist es. Nein, ist es nicht. Doch ist es. Nein, ist es nicht. Das ist so.
Nein, das ist nicht so. Doch es ist so. Nein, ist es nicht. Doch ist es. Nein,
ist es nicht. Doch ist es. Nein, ist es nicht. Doch ist es. Nein, ist es nicht.
Doch ist es. Nein, ist es nicht. Doch ist es. Nein, ist es nicht. Doch ist es.
Nein, ist es nicht. Doch ist es. Nein, ist es nicht. Das ist so. Nein, das ist
nicht so. Doch es ist so. Nein, ist es nicht. Doch ist es. Nein, ist es nicht.
Doch ist es. Nein, ist es nicht. Doch ist es. Nein, ist es nicht. Doch ist es.
Nein, ist es nicht. Doch ist es. Nein, ist es nicht. Doch ist es. Nein, ist es

nicht. Doch ist es. Nein, ist es nicht. Doch ist es. Nein, ist es nicht.

Doch ist es. Nein, ist es nicht. Doch ist es. Nein, ist es nicht. Doch ist es.

Nein, ist es nicht.«

WENN ICH AUFHÖRE, RECHT HABEN ZU WOLLEN, DANN IST JEDER STREIT VORBEI. IM NU.

VERANTWORTLICH SEIN LASSEN

Ich kann einen Menschen **für all seine Handlungen verantwortlich** sein lassen, indem ich ihm **weder Recht noch Unrecht** gebe.

ZWECKLOS

Beziehungen, die sich nur um sich selber drehen, deren einziger Zweck das Geldverdienen und der Konsum sind, schreien danach, immer und immer wieder repariert werden zu wollen.

Solche Beziehungen sind ein ständiger Kampf, da es immer nur um die möglichst erfolgreiche Form des Überlebens geht und nicht um einen höheren Zweck, dem die Beziehung dient!

HEUTE IM ANGEBOT

HIGH-PROFESSIONAL-RELATIONSHIP-TOOLS:

HUMOR
öffnet die Augen der Menschen

MITGEFÜHL
öffnet die Herzen der Menschen

IMMER
EINSETZBAR
UND IMMER
EIN ERFOLG!

MIT GELD-ZURÜCK-GARANTIE!

UNTERSTÜTZUNG

Ich selbst bekomme nicht das vom Leben, was ich mir wünsche; warum sollte ich also andere darin unterstützen, dass sie bekommen, was sie sich wünschen!

Und wenn ich ausnahmsweise andere unterstütze, dann nur, weil ich ihre Vorhaben als sinnvoll, passend und angemessen bewerte und doch nicht nur weil sie es sich von Herzen wünschen – so weit kommt's noch! Das wär' ja noch schöner...

GEFANGEN HALTEN

Je mehr ich mich selbst an meinen
Partner gekettet fühle und denke,
dass ich keine Wahl habe, desto größer
wird mein Verlangen nach anderen Partnern
und desto intensiver flüchte ich
in meine Phantasien.

BESCHRÄNKTE LIEBE?

Erlaube ich es mir, mehr als einen Menschen zu lieben?

Ist die Liebe ein Ding oder kann es sein, dass Liebe unbeschränkt ist?

NIEMAND IST FALSCH!

Das müssen wir fühlen, wenn wir eine erfüllende Beziehung führen wollen!

LIEBEN +
ICH KANN NICHT LIEBEN,
WEN ODER WAS ICH BRAUCHE.

BRAUCHEN

BRAUCHEN TUT NUR DER KOPF, DENN ER BEFINDET SICH STÄNDIG IM ZUSTAND DES MANGELS

MANIPULATIONSWERKZEUG

unglücklich sein

BEVORZUGTE EINSTELLUNG

Was kann ich aus meiner Beziehung rausholen?

ODER

Was kann ich in meine Beziehung einbringen?

ERLAUBE ICH ES MIR, ...

auszuruhen, wenn ich müde bin?

rumzuwirbeln, wenn mir danach ist?

zu designen, wenn ich kreativ bin?

still zu sein, wenn mir nach Stille ist?

laut zu sein, wenn ich laut sein will?

...

Erlaube ich den Menschen in meinem Umfeld, dass sie es sich erlauben können, das zu tun, wonach ihnen ist? Erwarte ich von mir und anderen ständig, gut drauf zu sein?

ERSATZLOS

IST MIR MITGEFÜHL SO FREMD GEWORDEN, DASS ICH STÄNDIG VERSUCHE, DICH ZU VERSTEHEN?

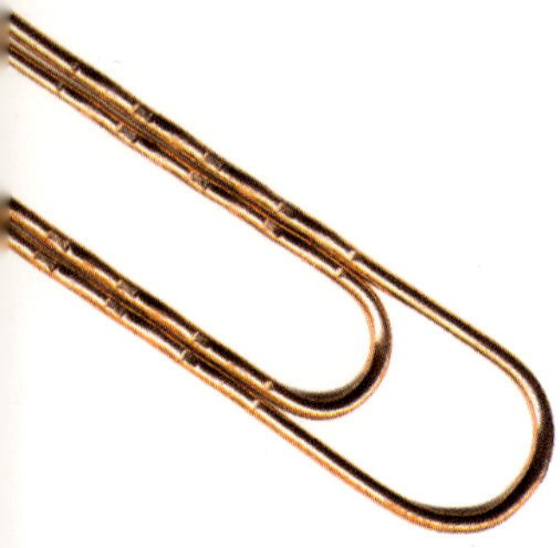

WILLENSKRAFT

Wenn ich zuviel im Leben mit Willenskraft mache,
indem sie mich immer zwanghafter und steifer in meinem Handeln,

richtet sich diese Kraft gegen mich selbst,
Denken und Bewegen werden lässt.

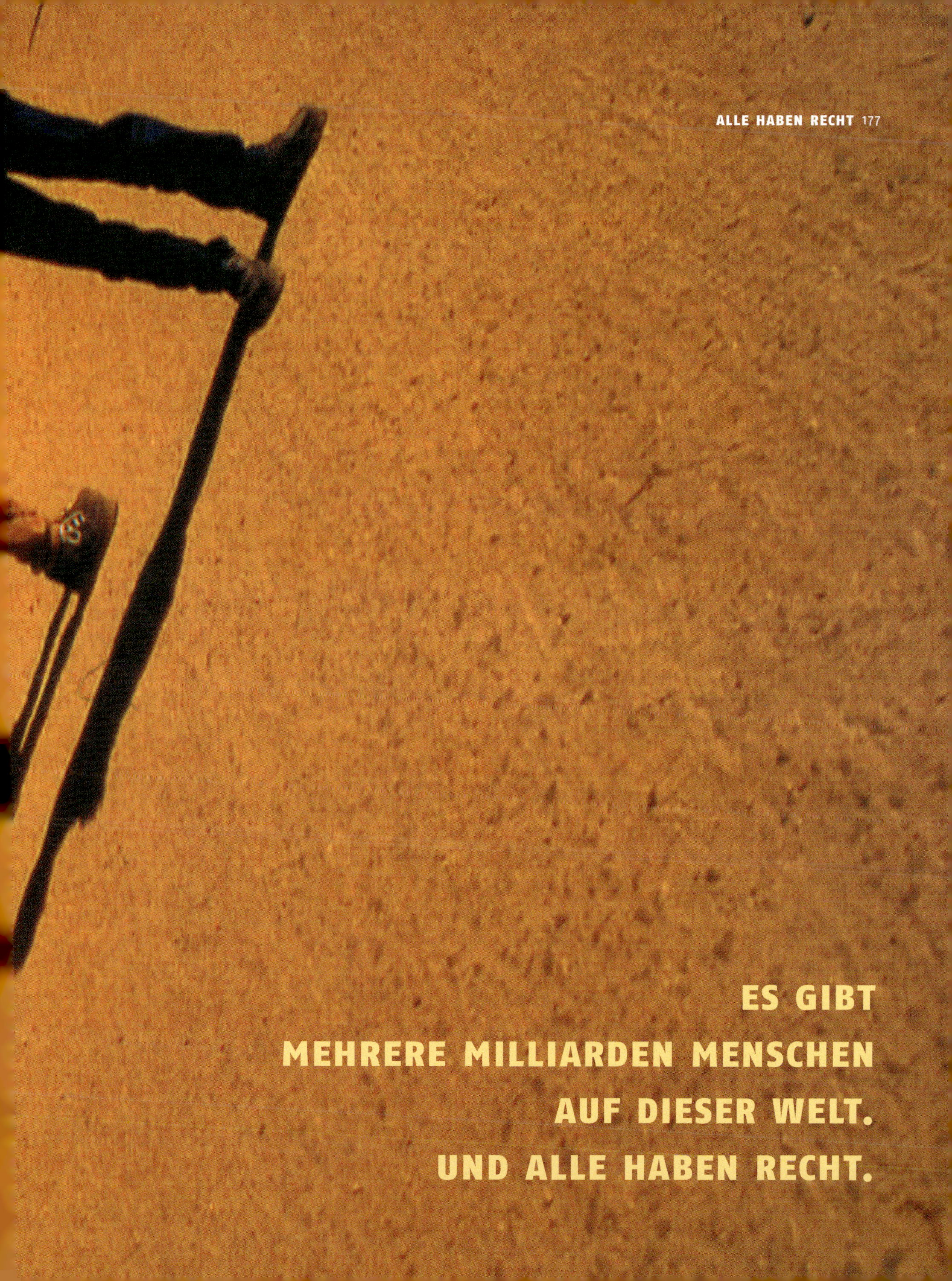

ES GIBT
MEHRERE MILLIARDEN MENSCHEN
AUF DIESER WELT.
UND ALLE HABEN RECHT.

JA, ABER

UPS – da war er wieder: mein Kopf!

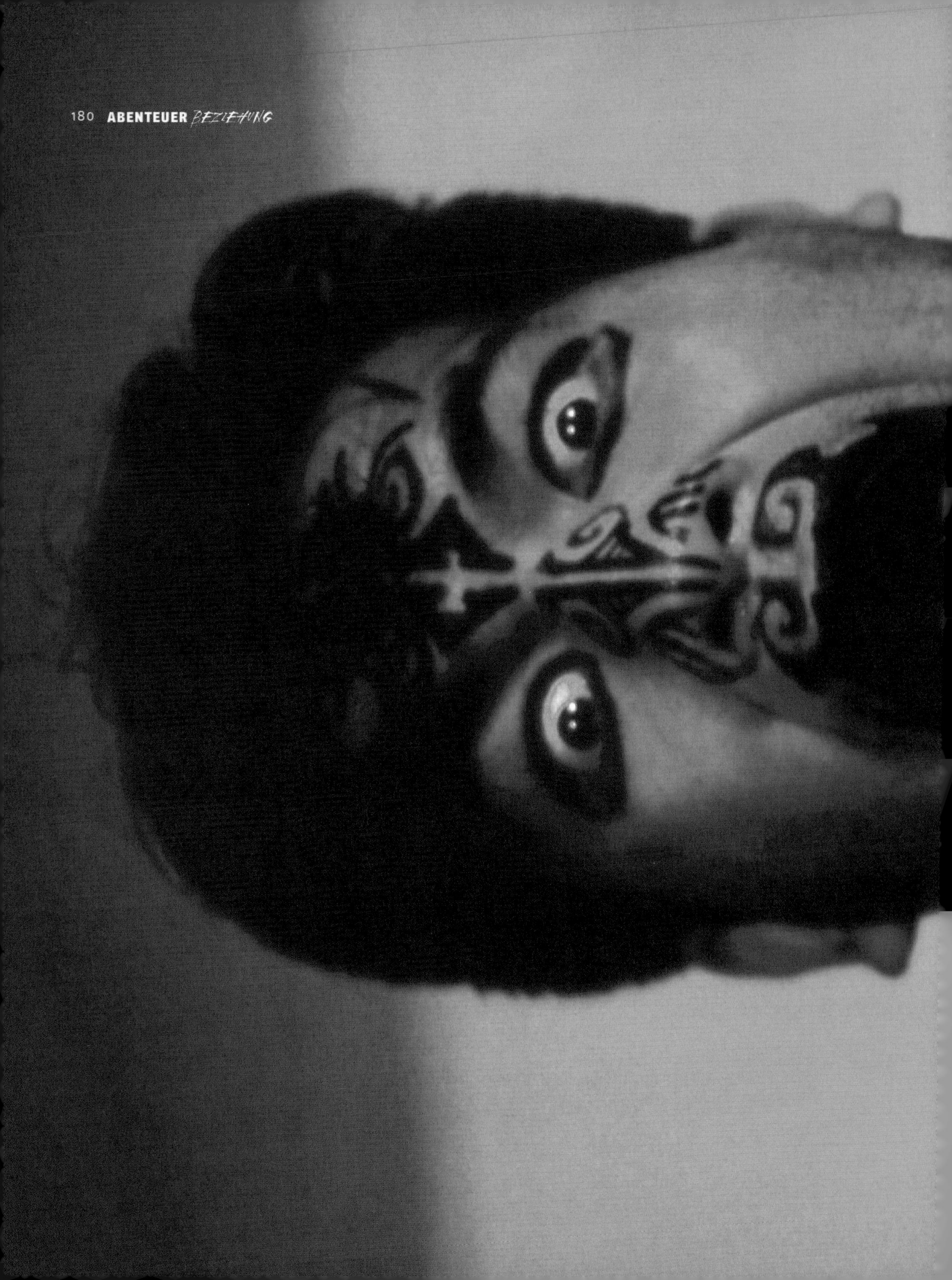

GEKLAUTE ZEIT

Nach den ganzen Jahren verlässt mich nun mein Partner!

Die ganzen Jahre hat er mir geklaut, so dass ich jetzt wieder mit nichts dastehe!
Alles, was ich mir in dieser Beziehung aufgebaut habe, ist nun zum Teufel.
Zum Teufel mit ihm! Ich bin ja so ein armes Opfer!

NEIN, ABER

UPS – da war er wieder: mein Kopf!

VOLLSTÄNDIGKEIT

Es ist unwichtig, wie sehr ich anstrebe, vollständig zu werden,
weil ich schon vollständig bin und es schon immer war.

In der Tiefe meines Herzens weiß ich das.

Ich kann es anerkennen oder weiterhin
an meine Unvollständigkeit glauben.

WEGLAUFEN In jeder Partnerschaft kann ich jederzeit weglaufen, doch meinen eigenen Ballast nehme ich immer mit! Ich kann ihn also hier und jetzt als meinen eigenen Ballast entlarven und ihn sein lassen oder ich laufe wieder weg!

IMMER NOCH ICH

Als ich ein Baby war, strahlten meine Augen, waren voller Neugier und die Menschen um mich herum konnten nicht genug bekommen von meiner natürlichen, reinen Freude.

Es bin immer noch ich!

Ich habe nur vergessen, wer ich bin und ich habe vergessen, wer die anderen sind.

MUT

Ich verlasse meine Opfer-haltung!

RECHT HABEN

Recht haben will ich dann, das Urteil gefällt hat, dass richtig und die der anderen

wenn mein Kopf
meine Auffassung
falsch ist.

FESSELUNGSKÜNSTLER

Ich zerschieße meine Freiheit, indem ich mich selbst mit der Unwahrheit fessle.

Ich fessle mich, indem ich übertreibe, verfälsche, verschönere, verschleiere, untertreibe, vertusche, verheimliche, lüge ...

SCHULD GEBEN

EINEN MENSCHEN SCHULDIG SPRECHEN, BEDEUTET, IHN SCHLECHT ZU MACHEN, IHN ZU VERURTEILEN UND IHN DIREKT IN DIE VERANTWORTUNGSLOSIGKEIT ZU BEGLEITEN.

ER KANN DANN MIT DEM UNEHRLICHEN GEFÜHL NAMENS SCHULD BEZAHLEN UND ES WIEDER TUN.

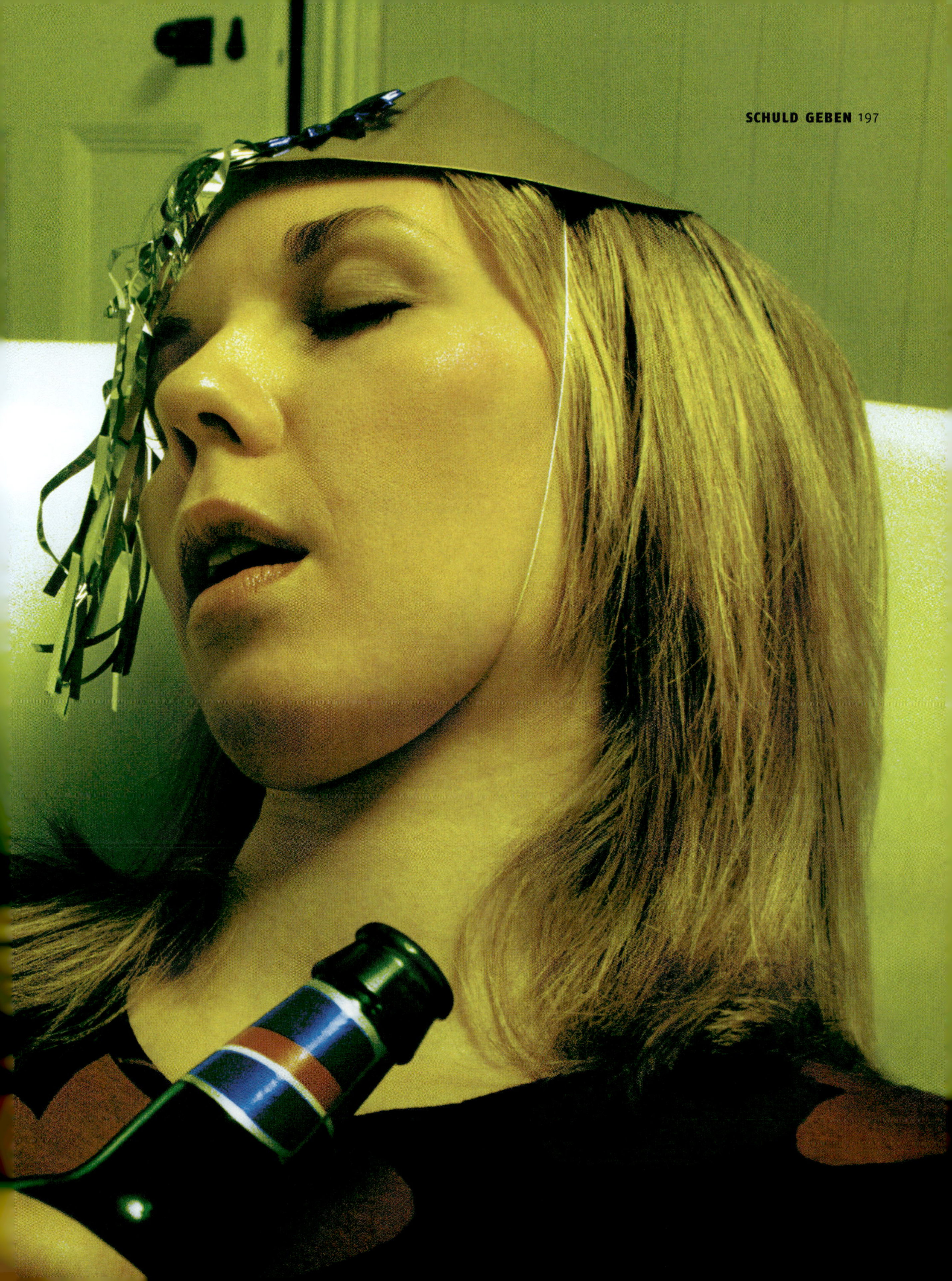

ANZIEHENDE LIEBE?

Glaube ich,
dass Liebe
nur dann anwesend
ist, wenn eine
Anziehung
vorhanden ist?
Ist die Liebe ein Ding
oder kann es sein,

dass Liebe auch
ohne Anziehung
vorhanden ist?

PERSÖNLICHKEIT

Unsere Persönlichkeit ist das, was wir aufgebaut haben, um mit anderen Menschen auf eine Art und Weise zurecht zu kommen, die uns überleben lässt.

Sie ist zusammengesetzt aus sehr vielen automatischen Reaktionen auf das, was uns von anderen entgegengebracht wird. Sie ist unsere Lieblingsrolle, die wir spielen, um von anderen akzeptiert zu werden, auch wenn das nicht immer gelingt!

Schon im Kindesalter wählten wir den Kern unserer Persönlichkeit:

Rebellion, Gefälligkeit oder Verstecken!

Wenn ich mein Bewusstsein mit meiner Persönlichkeit identifiziere, dann habe keine Chance, mein wahres Selbst zu sein.

MÄRCHENPRINZ UND -PRINZESSIN

Auf meinen Märchenprinz oder meine Märchenprinzessin kann ich lange warten und hoffen, denn ich selbst mache einen Menschen zum Märchenprinzen oder zur Märchenprinzessin.

Ich selbst wähle einen Menschen aus und mache ihn durch meine Liebe, meine Fürsorge, meine Bewunderung... zu meinem Prinzen oder zu meiner Prinzessin.

Nichts anderes erschafft Prinzen und Prinzessinnen in meinem Leben.

DEN KOPF VERTEUFELN

Nur weil ich gerne auf mein Herz höre,
muss ich meinen Kopf ja nicht verteufeln!

Zugegeben, er macht mir manchmal das Leben zur Hölle,
aber wer soll sonst meine Buchhaltung machen?

SEX

Kopf aus–Spaß an!

BLEIBEN

Egal, wie welcher Ballast in mir und meinem Partner hochkommt, ich bleibe!

Urteile Diese Motztante Dieser rechthaberische Kotzbrocken Überzeugungen Alleine geht es mir besser So, jetzt ist der Punkt erreicht Kein Lob Beschwerden Keine Anerkennung Was soll ich hier noch Alles Mist Glauben Er liebt mich nicht wirklich Sie liebt mich nicht wirklich Einen so primitiven Mann ertrage ich nicht Eine so gemeine Frau ertrage ich nicht Standpunkte So ein selbstgerechter Mensch Ich habe etwas besseres verdient Die ist so rechthaberisch Er muss immer das letzte Wort haben Wie kann man nur so undankbar sein Diese ewigen Vorwürfe Diese ewigen...

Nie macht er immer macht sie

Mit diesem Menschen kann ich nicht mehr...

Bloß weg hier...

RITTERRÜSTUNG

WER WILL SICH IN MEINE RITTERRÜSTUNG VERLIEBEN?

WIE VIELE

Wie viele Kommunikationstechniken benötige ich noch, wenn ich von Herz zu Herz kommuniziere?

LAUFENDE SCHULD

Hätte ich mich als kleines Kind für jede meiner Aktionen, die nicht das gewünschte Ergebnis erzielten, immer wieder schlecht und schuldig gefühlt, dann hätte ich niemals Laufen gelernt.

IN DIESEM BUCH GEHT ES UM

DAS LEBEN,

DAS BEWUSSTSEIN

UND DIE LIEBE.

In einem Satz ausgedrückt:

DIESES BUCH UNTERSTÜTZT UNS,

EIN LEBEN ZU LEBEN

IN DEM KLAREN BEWUSSTSEIN,

ZU LIEBEN UND

GELIEBT ZU WERDEN.

HERZENSTIEFE

ICH LIEBE DICH, WEIL ICH DICH LIEBE.

ICH BIN BEI DIR, WEIL ICH BEI DIR BIN.

ICH SPÜRE DICH, WEIL ICH DICH SPÜRE.

DU BIST IN MEINEM HERZEN,
WEIL DU IN MEINEM HERZEN BIST.

ES GIBT KEINEN ORT,
AN DEM ICH NICHT BEI DIR SEIN WERDE.

ES GIBT KEINE ZEIT, IN DER ICH DICH
NICHT SPÜREN WERDE.

ES GIBT NICHT ETWAS, DURCH
DAS ICH DICH NICHT LIEBEN WERDE.

LIEBE IST
SO TIEF IN MEINEM HERZEN
FÜR DICH.

Ralf Nemeczek

LEBENDIGKEIT UND SPASS

Ich danke meiner Familie, meinen Freunden und all den lieben Menschen in meinem Umfeld für die wundervolle Unterstützung, die es mir ermöglicht, meine Träume zu leben: Außergewöhnliche Bücher zu schreiben, zu beraten und dadurch mehr Lebendigkeit und Spaß ins Business zu bringen.

Ganz besonders danke ich meiner Frau Yvonn N. Nemeczek für ihr unerschütterliches Vertrauen und unserer Tochter Vivian Nina Nemeczek, die uns jeden Tag aufs Neue zeigt, wie unplanbar und schön das Leben ist.

Es ist mein größtes Anliegen und zugleich meine größte Freude, dazu beizutragen, dass die **FUNECONOMY** wächst und wächst – eine Wirtschaft, in der Menschen ihre Talente ausleben, ständig sich selbst sein können und voller Hingabe und Liebe ihren Beitrag leisten! Eine Wirtschaft, in der Service nicht nur eine Umsatzsteigerungsmaßnahme, sondern ein Workstyle ist, der alle Beteiligten von innen heraus erwärmt und mit Freude erfüllt.

MEINE EIGENEN SERVICE-LEISTUNGEN:

ABENTEUER BERUFUNG – DIE EIGENE BERUFUNG ENTDECKEN

Lebendigkeit, Kreativität und Begeisterung stecken in jedem Menschen. In humorvollen Workshops und Einzelberatungen inspiriere und begleite ich Ihre Entdeckungsreise, in der Ihre Berufung und Ihre ganz besonderen Talente ans Tageslicht kommen.

ABENTEUER BUSINESS – TEAMBUILDING

Freilegen der Potentiale im Team, Ballust statt Ballast, Entfachen gegenseitiger Wertschätzung, Beflügeln statt Behindern, Freude an gemeinsamer Spitzenleistung. Nichts ist kraftvoller als ein Team, in dem jeder Teamplayer seine individuellen Talente und Fähigkeiten zur vollen Entfaltung bringen kann und sie als Service für andere einsetzt.
Ein außergewöhnlicher Workshop, der bewegt und deutliche Spuren hinterlässt.

MEHR ÜBER MEINE ARBEIT – CONSULTING, WORKSHOPS, VORTRÄGE, BÜCHER... UND DIE SERVICE-LEISTUNGEN VON FREUNDEN UND BEKANNTEN, DIE ICH SCHÄTZE UND BEWUNDERE, FINDEN SIE IM INTERNET UNTER

www.nemeczek.de

Hallo Anne, hallo Tibbies,
danke für eure großzügige Unterstützung! Ich wünsche euch auch weiterhin so viel Spaß und Erfolg. Ihr seid ein Paradebeispiel für die FunEconomy! > Ein Blick lohnt sich: **www.trustib.de**

SO KÖNNEN SIE MICH ERREICHEN: Per E-Mail: ralf@nemeczek.de
Per Telefon: +49(0)1 72-62 31 698

Ich freue mich auf unseren Kontakt.

ICH WÜNSCHE IHNEN VIEL SPASS BEIM HANDELN, ENTDECKEN UND DESIGNEN. VIEL SPASS IM LEBEN!

IHR RALF NEMECZEK

AIRMAIL
PRINTED MATTER

ICH LIEBE DICH,
ICH LIEBE MICH,
ICH LIEBE DIE WELT,
UND DAS LEBEN AN SICH!

WAS MIR NOCH FEHLT,
WAS DIR NOCH FEHLT,
WAS UNS NOCH FEHLT,
WAS DER WELT NOCH FEHLT?

…ES WAHRHAFT ZU SPÜREN
– NICHT DAVON ZU REDEN,
SONDERN ALLEZEIT
GANZ EINFACH ZU LEBEN,
VON MOMENT ZU MOMENT.

OHNE ZWISCHENRAUM,
OHNE GEDANKEN AN MORGEN.

DANN GÄB ES SICHER
KEINE SORGEN, SONDERN

EIN HAPPY END.

Isabella Sonntag

...WAS GIBT ES NACH EINEM BUCH WIE DIESEM

Da fallen mir ganz persönliche Wünsche ein – seien Sie aktiv, reissen Sie Barrieren nieder, treten Sie verschlossene Türen ein, zeigen Sie sich, machen Sie kein Hehl aus dem, was NUR Sie sind – und das alles mit einer messerscharfen Klarheit.

Ich liebe es, Menschen kennen zu lernen. So kann mein Netzwerk grenzenlos wachsen. Ja, kontakten Sie mich; lassen Sie uns gemeinsam die Welt aus den Angeln heben – nur so zum Spaß – denn wirklich verändern müssen wir ja glücklicherweise nichts; wir alle haben genug mit uns selbst zu tun – ein Leben lang; stimmt die Beziehung zu mir selbst, stimmt auch mein Leben – das wage ich kurz und bündig zu behaupten.

Zum Spaß habe ich geboren: Das Magazin **ISNESS** – eine Plattform für Leute, die sich und ihre Visionen zum Ausdruck bringen möchten. Es sprüht nur so vor Inspiration und Impulsen. Erscheint zweimal jährlich zum Preis von 7,- € im WU WEI Verlag und ist zu bestellen und zu besichtigen unter www.isness.com.

Als Buchautorin erblickte das Licht der Welt durch mich und drei weitere Mitautoren: **DAS NOTIZBUCH FÜRS WESENTLICHE** – es enthält neben leeren Seiten 12 Geheimnisse, deren Offenbarung das Wesentliche im Leben sichtbar macht. Es ist erschienen im WU WEI Verlag und ebenfalls unter der www.isness.com zu besichtigen und zum Preis von 18,- € zu bestellen.

Als Lehrerin habe ich zusammen mit lieben Partnern den **ABENTEUER-BUSINESS-AUFTANKURLAUB** kreiert; wahre Wundertage sind das zum Thema: »Talente ins Business umsetzen, Gesundheit für Körper, Geist und Seele erfahren und LOSLASSEN durch Silence Riding.«
Sie erfahren mehr unter www.abenteuer-business.de, indem Sie einfach auf »Das Abenteuer geht weiter« klicken. Sie können mir auch einfach mailen unter isabella.sonntag@isness.com und alle Wünsche und Anliegen zum Ausdruck bringen.

Auf der Bühne tummle ich mich einmal jährlich, wenn die **ISNESS PARTY** stattfindet: Ein wahres Leuchtfeuer der inspirierenden Begegnungen – in Windeseile lernen sich an solch einem Abend hunderte von Menschen ganz gezielt kennen und kreieren neue ungeahnte Projekte.
Wer sich für diese Parties interessiert, liest darüber in der ISNESS, auf der www.isness.com oder schreibt mir einfach: Isabella Sonntag, Postfach 1517, D-82144 Planegg.
Begegnungen und Kontakte sind für mich das Salz in der Suppe des Lebens; ohne den Schub von

NOCH AN WORTEN ZU VERLIEREN?

inspirierenden Menschen, ohne deren Mitarbeit und Zusammenarbeit ohne den fruchtbaren Austausch wären alle meine Projekte nicht möglich gewesen – und ich danke Gott von Herzen, dass er mich jederzeit hat erkennen lassen, wo mein nächster Anker ist, wo ein nächster Freund auf mich wartet, wo eine nächste Strickleiter hängt, wo die Oase der Kreativität blüht...

Die wichtigsten Menschen bei der Realisierung meiner Projekte in den letzten zehn Jahren waren und sind: Meine Kinder Christina-Annabel und Anna-Isabel mit ihrer unerschütterlichen Wachsamkeit und Klarheit, mein Partner Hardy, der mir durch seine Balanceakte zeigt, wie schmal der Pfad des Lebens ist, mein Seelengefährte Norbert, der mir in schwierigen Momenten symbolisch seine Hand reicht, der Buchautor René Egli, der mich durch seine Werke auf meinem Weg unterstützt und meine Art-Direktorin Sabine Lindlbauer, die in allen graphisch-kreativen Umsetzungen es versteht, mich auszudrücken... und die mir 1000e von Minuten Ihres Lebens bereits einfach schenkte.

Natürlich ließe sich dieses Netzwerk noch unendlich ausdehnen und letztlich zeigt sich, dass alles mit allem und jeder mit jedem verbunden ist und gerade deshalb ist es so wichtig, jeden zu respektieren und allem eine gleiche Gültigkeit zu zollen.

Wenn mein Leben dazu diente, Ihrem Leben mehr Leichtigkeit zu geben und Dankbarkeit in Ihr Herz einziehen zu lassen, dann macht mich das glücklich.

Isabella Sonntag

BESTELLSERVICE

Im gutsortierten Buchhandel oder direkt beim Verlag:

Per Post:
WU WEI Verlag · Postfach 15 17 · D-82144 Planegg
Per Fax:
+49(0)89/89 59 01 65
Per E-Mail:
info@abenteuer-business.de

WWW.ABENTEUER-TRILOGIE.DE

GESCHENKSERVICE

Diesen Service bietet Ihnen der WU WEI Verlag.

Und so geht's:

1. Nennen Sie uns die Lieferadresse
2. Nennen Sie uns die Rechnungsadresse
3. Nennen Sie uns die Namen der Kapitel, die wir am Anfang des Buches auf der persönlichen Seite eintragen sollen.

Dieses Buch schenke ich:

SUSANNE MEIER

Kapitel, die ich inspirierend finde:

EROTIK
LAUFENDE SCHULD

So wird ABENTEUER BEZIEHUNG zum höchstpersönlichen Geschenk für Partner, Freunde, Verwandte, Kollegen, Mitarbeiter, Chefs ...

BILD- UND FOTONACHWEIS:

Susanne M. K. Baur	(Seiten 20/21; 24/25, 100/101; 128/129; 152/153; 160/161; 200/201)
Tamara Amhoff-Windeler	(Seiten 46/47; 48/49; 50/51; 90/91; 102/103; 142/143;148/149; 202/203)
Susanne Beimann	(Seiten 98/99; 134/135; 172/173; 184/185; 208/209; 214/215; 216/217)
Oliver Seidel	(Seiten 40/41; 54/55; 68/69; 76/77; 84/85; 88/89; 150/151; 154/155; 158/159; 168/169; 167/177; 180/181; 190/191; 194/195; 204/205; 206/207)
Sabine Lindlbauer	(Seiten 18/19; 22/23; 26/27; 60/61; 62/63; 66/67; 72/73; 78/79; 82/83; 86/87; 92/93; 106/107; 120/121; 122/123; 126/127; 130/131; 132/133; 138/139; 140/141; 144/145; 146/147; 156/157; 164/165; 170/171; 186/187; 188/189; 192/193; 222/223)
Image 100	(Seiten 30/31; 58/59; 74/75; 80/81; 166/167; 196/197; 189/199; 210/211; 212/213)
Connie Wellnitz, DigitalVision	(Seiten 52/53; 96/97; 108/109)
Daniel Lindlbauer	(Seiten 32/33; 36/37; 42/43; 70/71; 162/163)
John Knill, DigitalVision	(Seiten 34/35; 118/119)
S. Hofmaier	(Seiten 28/29; 64/65)
Wilfried Bach	(Seiten 44/45)
MEV Verlag	(Seiten 218/219)

DIESE BÜCHER BEGLEITEN UNS SEIT LANGER ZEIT:

DAS GEWINNER-PRINZIP von Brian Tracy
DAS LOLA-PRINZIP von René Egli
DAS MANN-FRAU-BUCH von Ron Smothermon M.D.
DER INNOVATIONSKREIS von Tom Peters
DER WEG DES ZAUBERERS von Deepak Chopra
DER WOW!-EFFEKT von Tom Peters
DIE FORMEL FÜR REICHTUM von René Egli
DIE IDEALE FÜHRUNGSKRAFT von Peter F. Drucker
DIE KUNST DES LIEBENS von Erich Fromm
DREHBUCH FÜR MEISTERSCHAFT IM LEBEN von Ron Smothermon M.D.
HANDBUCH FÜR DAS DRITTE JAHRTAUSEND von Ron Smothermon M.D.
ILLUSION UND REALITÄT von Francoise und René Egli
INNOVATIONSMANAGEMENT FÜR WIRTSCHAFT UND POLITIK von Peter F. Drucker
LEBENSNETZ von Fritjof Capra
NETECONOMY von Kevin Kelly
NUTS! von Kevin L. Freiberg und Jacquelyn A. Freiberg
SIDDHARTHA von Hermann Hesse
TRANSFORMATION STATT VERÄNDERUNG von Ron Smothermon M.D.

Wir möchten eine besondere Freundin unseres Projektes hervorheben und uns gleichzeitig für ihre jederzeit uneigennützige Unterstützung bedanken: Frau Bärbel Mohr, mittlerweile Bestsellerautorin von «Bestellungen beim Universum», Omega Verlag. Wir wünschen ihr persönlich viel Glück mit ihrem neuesten Werk «Dem Teufel sei Dank», WU WEI Verlag.

Die Abenteuer von Elisia dem kleinen Einhorn

Elisia, ein kleines rosafarbenes Einhorn, hat seine Eltern verloren und fühlt sich nach einiger Zeit schrecklich einsam. So macht sich die Kleine auf, um die Eltern oder wenigstens andere Einhörner zu finden. Die Zeiten sind für Einhörner gefährlich: Die Menschen haben sich von der Natur, den Naturgeistern und auch untereinander entfremdet.

Doch Liebe, Zuneigung und Freundschaft als positive Energien sind die Lebensgrundlage der Einhörner. Und davon gibt es immer weniger, also gibt es auch immer weniger Einhörner.

Elisia hat Glück und findet eine Menschenfrau, die sie nicht nur sehen kann, sondern ihr auch die lebensnotwendige Zuneigung und Obdach in ihrem Garten gewährt. Nach und nach schließt das kleine Einhorn mit den Tieren und den Naturgeistern der Umgebung Freundschaft, lernt deren Sorgen und Probleme kennen und versucht zu helfen.

Und eines Tages passiert das Unglaubliche: Bei einer Reise mit ihrer Menschenfreundin begegnet Elisia einem Artgenossen...

ISBN 3-930953-08-0
Für 14,80 € zu bestellen bei:
WUWEI VERLAG
Postfach 1517 · D-82144 Planegg
Telefon +49 (0)89-89 59 01 63
Telefax +49 (0)89-89 59 01 65

Ein Märchen für Erwachsene

Es geht auf dem Planeten Erde nicht um Sieg oder Niederlage, sondern um Frieden zwischen den Polen!

Es geht nicht um schwarz oder weiß, sondern um die lebendige Farbenvielfalt dazwischen…

von Bärbel Mohr

mit Illustrationen von

Sabine Lindlbauer

Dem Teufel sei Dank!

Eine Mär von Licht und Schatten

Der Bestsellerautorin Bärbel Mohr (ihr Buch «Bestellungen beim Universum» avancierte innerhalb von drei Jahren zum Kultbuch und wurde bisher in sechs weitere Sprachen übersetzt) ist es mit diesem Bilderbuch für Erwachsene (!) auf prickelnd-spannende Weise gelungen, dem Gefühl und dem Verständnis für bedingungslose Liebe einen Weg zu bereiten.

Die Geschichte von der Wandlung des griesgrämigen, verhärmten Bauern geht unter die Haut; sie ist aus dem Leben gegriffen – und das Leben selbst scheint die Worte gewählt zu haben. Das Büchlein offenbart auf wenigen Seiten die Wahrheit über einen gangbaren Weg zum Frieden in der Welt.

Alle Menschen wollen Frieden aus tiefstem Herzen – ob sie es wissen oder nicht. Aber genau dabei geht es trotz allem nicht darum, ob das Licht oder die Dunkelheit gewinnt! Der totale Sieg einer Seite, egal welcher, wäre geradezu vernichtend: sobald einer der beiden Pole unserer Wirklichkeit aufgelöst wäre, würde sich im gleichen Augenblick unsere gesamte materielle Wirklichkeit ins Nichts auflösen! Der wirkliche Weg zum Frieden schließt daher ein, selbst den Teufel zu umarmen und am Ende Gott für diese gnadenvolle, weise Erkenntnis zu danken.

Für den Einzelnen bedeutet es, diese Erkenntnis in Weisheit und Liebe zuallererst bei sich selbst umzusetzen!

Preis: 18,50 Euro
ISBN 3-930 953-05-6

WU WEI Verlag
Postfach 1517
D-82144 Planegg
Tel.: +49 (0)89/89 59 01 63
Fax: +49 (0)89/89 59 01 65

WEITERE PRODUKTE AUS DEM

WUWEI VERLAG

»DIE MENSCHLICHE SCHULE«

26,– € · Autor: Ulrich Mohr

Philosophisches Grundlagenwerk, das den gemeinsamen Ursprung aller Wissenschaften bis hin zu Religion auf einem Schritt für Schritt nachvollziehbaren logischen Weg aufdeckt. Der Lebenssinn erschließt sich aus dem Erleben des Augenblicks. Der konsequent logische Weg des Buches führt über eine Auflösung vieler alltäglicher Grübeleien und Sorgen zu größerer Ruhe und Gelassenheit, der Quelle für Inspiration, Kreativität und Vitalität.

Das Erkennen universeller Vernetzungen führt den Leser zu einer nicht gekannten Entscheidungskraft.
300 S., zweifarbig gebunden mit Goldprägung,

ISBN 3-930953-00-5

»ISNESS«

7,– € · Herausgeberin: Isabella Sonntag

«ISNESS» ist ein halbjährlich erscheinendes Magazin für Menschen, die Freude daran haben, gegenseitige Akzeptanz zu entwickeln und die nach Möglichkeiten suchen, auf bunten Wegen das Leben im JETZT zu entdecken.

ISNESS setzt wegweisende und erfrischende Impulse in der Medienlandschaft. Sie ist die vielleicht erste Brücke zwischen praktizierter Spiritualität und kommerziellem Erfolg.

»DAS NOTIZBUCH FÜRS WESENTLICHE«

18,– € · Autor: Wolf Schneider, Herausgeberin: Isabella Sonntag

Suchen Sie einen schönen und inspirierenden Begleiter durch das Jahr?

Dieses mit großem Einfühlungsvermögen auch optisch sehr schön gestaltete Büchlein begleitet nicht nur, es überrascht auch mit ungewöhnlichen Aufgabenstellungen, die schon so manchen auf sanfte Art wachgerüttelt haben.

Motto: Behalte den Überblick, gewinne den Einblick und genieße den Augenblick!

ISBN 3-930953-03-X

»DIE ABENTEUER VON ELISIA, DEM KLEINEN EINHORN«

14,80 € · Autorin: Rita von Assel

Elisia, ein kleines rosafarbenes Einhorn, hat seine Eltern verloren und fühlt sich nach einiger Zeit schrecklich einsam. So macht sich die Kleine auf, um die Eltern oder wenigstens andere Einhörner zu finden. Die Zeiten sind für Einhörner gefährlich: Die Menschen haben sich von der Natur, den Naturgeistern und auch untereinander entfremdet.

Doch Liebe, Zuneigung und Freundschaft als positive Energien sind die Lebensgrundlage der Einhörner. Und davon gibt es immer weniger, also gibt es auch immer weniger Einhörner. Elisia hat Glück und findet eine Menschenfrau, die sie nicht nur sehen kann, sondern ihr auch die lebensnotwendige Zuneigung und Obdach in ihrem Garten gewährt. Nach und nach schließt das kleine Einhorn mit den Tieren und den Naturgeistern der Umgebung Freundschaft, lernt deren Sorgen und Probleme kennen und versucht zu helfen.

Und eines Tages passiert das Unglaubliche: Bei einer Reise mit ihrer Menschenfreundin begegnet Elisia einem Artgenossen...

ISBN 3-930953-08-0

»DEM TEUFEL SEI DANK«

18,50 € · Autorin: Bärbel Mohr

Es geht auf dem Planeten Erde nicht um Sieg oder Niederlage, sondern um Frieden zwischen den Polen! Es geht nicht um schwarz oder weiß, sondern um die lebendige Farbenvielfalt dazwischen ...

Der Bestsellerautorin Bärbel Mohr (ihr Buch »Bestellungen beim Universum« avancierte innerhalb von drei Jahren zum Kultbuch und wurde bisher in sechs weitere Sprachen übersetzt) ist es mit diesem Bilderbuch für Erwachsene (!) auf prickelnd-spannende Weise gelungen, dem Gefühl und dem Verständnis für bedingungslose Liebe einen Weg zu bereiten.

ISBN 3-930953-05-6